U0469618

文化的格调

曹胜高

著

上海文艺出版社

文化的格调　**目录**

第一辑　传统与国学

第二辑　蒙学与儿童教育

第三辑　立德与为学

第四辑　诗心与诗意

第五辑　气韵与画意

第六辑　光与影

第七辑 人文与山水

第一辑

传统与国学

传统文化

中华优秀传统文化是什么?

专业一点来回答,它是中华民族在五千年文明发展进程中所形成的生活方式、风俗习惯、价值共识、思想认知和人文追求等方面的历史形态,并能为中华文明未来发展提供历史借鉴、经验参照的历史经验和文化认知。

通俗一点来讲,文化就是我们生活的全部环境的总和,包括物质、精神、政治、社会、生态等要素的综合。中国传统文化是中国人代代传下来的民风民俗。中华优秀传统文化就是中华民族几千年传下来的有价值、有意义的历史经验的总和。

为了更好地理解中国传统文化,我们要区分开传统文化与文化传统的关系。传统文化是历史形成的文化资源,有些在历史的发展过程中,已经消失或者濒临消失,但经过发掘、抢救、保存依然能够焕发出生命力。比如非物质文化遗产中的刺绣、陶瓷、歌唱等技术、技巧和工艺,经过抢救性的保护,使其能够契合现代社会需求,并植入现代生活方式之中,仍可以焕发出新的生机。文化传统则是并没有失传仍在民间流传甚至被遵循的文化习惯,例如节日习俗、民间风俗等,这些构成了我们生活的人文环境。我们现在恢复节日、保护古迹、再造善本、复兴国学等，都是努力延续我们的文化传统，恢复传统文化。

在世界文明史上，从来没有一个民族，有这么多人口，有这么大区域，经历了这么多的风雨，保持这么长时间的统一，只有中华民族经历了五千年的发展而依然团结稳定。是什么把中国人给凝聚起来了？是共同的理想信念、共同的价值认同。一个大国，要想发展，要想稳定，必须有一个足以凝聚大家共识的理想信念，才能消弭分歧，才能克服困难。中华民族向往的生活，在《诗经·大雅·民劳》中言为小康："民亦劳止，汔可小康。惠此中国，以绥四方。"意思是说，老百姓辛苦劳作的目的，就是为了实现小康。如果中国实现了小康，天下就太平了。小康是什么？按照孔子的理解，小康是以家庭为单元形成的生产生活方式，大家劳动和付出都是为了满足基本的生存需求。用现在的话来讲，小康，就是一个家庭中的成员有饭吃，有衣穿，能够实现自给自足。简单来讲，就是解决温饱问题。我们现在正在进行的"全面实现小康"，就是让中国最穷的老百姓，能够吃上饭，穿暖衣，解决基本的温饱问题。这是中华民族五千年的梦想，也是我们的历史责任。

价值共识是中华民族五千年形成的共同的道德认同和行为认知。对社会而言，它是维系社会良性运行的最大公约数；对个人而言，它是一个人言谈举止、行为处事的底线。有了基本的价值共识，不同民族、不同阶层、不同区域、不同方言的人就能坐下来进行对话，建立合作，共同去解决问题。中华民族形成的最基本的价值共识就是仁、义、礼、智、信。

仁是界定人的属性，在孔子的学说里，仁是人之为人的根本，是人区别于动物的标识。就是说只要有两个人在一起，人就会关怀、关心、帮助、支持、尊重、理解、同情对方，这是人与动物的区别。仁，大而言之是推己及人的人道主义，小而言之是举手投足的善良。我们给老弱病残妇幼让座是仁，同情别人的遭遇也是仁，在宿舍做好自己的事情，也是仁。人类要合作，如何才能建立良好的合作关系？这就形成了义。义是责任、义务，是人之能群的要求，就是一个人按照善良的道德自觉，承担起该承担的责任。礼是人之能分的规矩，人类要群体协作，那就需要形成一个约定俗成的规则，按照个人的身份与角色，做自己该做的事，落实到行为上。是主人请别人吃饭，就把大家照顾好；是客人就把来宾应该做的事情做好。每个人都随时随地处在秩序之中，社会就井然有序。智是人之能断。有了人之为人的根本要求，有了人之能群的责任意识，有了人之能分的行为规范，自己是不是做到了，他人是不是做到了，就会形成一个合理的判断，对其是非曲直进行评价，这就是智，是人之能断的要求。秦汉之后，按照五行的推演，又增加信的要求。人言为信，这是人之能成的关键。秦汉之后中国大一统，一个人到陌生的地方去做事，靠的是他的言行一致，言必诺，行必果，就会得到素不相识的人尊重，也能够获得更好的合作。有了这五个基本的价值共识，中华民族才能够形成道统、政统、文统，弥合分歧，消除对立，跨过一次又一次的危机，成长起来，发展起来。

在这过程中，中华民族积累了丰富的国家治理、民族融合、社会管理、危机处理的经验，特别是如何处理中央与地方的关系、官员的选拔与任用、社会危机管理、乡村基层治理等方面，积累了许多行之有效的经验，成为中华民族保持稳定、发展的行之有效的管理策略。这些经验是中华文化中孕育出来的，并在中华民族的发展中得到实践检验的宝贵财富。中华民族之所以能够与时俱进，之所以经历了大分裂而走向大统一，之所以经历那么多磨难而依然自立，靠的是就是中华民族强大的自我修复能力。这就需要我们去总结，去分析，通过创新性的转化和创造性的发展，为未来的现代化建设提供学术支撑、学理支持和经验借鉴。

我们要对传统文化进行再造与创新，应该怎么做呢？

首先，要对中国传统文化的主要内容进行全面解读。在教育中，能够将经典诵读、文化解读和学生修养融合为一，从知识、能力和修养三个层面引导学生认识、观察、了解、理解、思考、参与客观世界，引导学生对中华优秀传统文化中的核心理念、主要观点、基本思路和价值共识高度认同、全面理解和自觉践行。

其次，结合新的历史要求、文化需求，对传统文化进行创造性发展，使之能够生动活泼，为更多人所喜欢、接受。例如恢复清明节、端午节、中秋节等节日活动以来，我们对这些节日中蕴含的齐家、睦族、卫生、饮食等观念习俗有了很广泛的认知，也因此产生了诸多新的活动方式：如清明怀念先烈、先祖，端午举行诗会、吟诵活动，中秋节举行赏月、雅集等活动。有了一个节日的平台，也就使得诸多相关的传统文化得以延续、发展。

重新定义国学

国学是什么?

通俗一点讲,国学是中华优秀传统文化的学理性总结。学术一点来讲,国学是研究中华传统学术精神及其载体的学问,是对中华民族在物质文明、精神文明、政治文明、社会文明和生态文明进程中形成的具有永恒意义与普遍价值的思想体系、文化观念和学术方法的总结。

之所以要复兴国学,就在于国学侧重讨论、分析和总结中华优秀文化传统中的思理,对其思想、道德、学说、观念和理念进行全面总结,为当前乃至未来的国家治理体系的形成、社会价值的共识以及文明程度的提高提供学理支撑。

中华民族地域宽广、历史悠久、民族众多,文化形态丰富多彩,多姿多彩的文化中有一些基本的学理性的内容。例如医学、天文、地理以及建筑中,都重视对阴阳、四时、五行的认知,对天干、地支相互关系的思考,在建筑、服饰、艺术等方面则重视对称、平衡之美等。这些蕴含在多样文化形态中的学理,体现了中华民族的理性认知,也反映出中华文明的思维习惯。我们要创造性地继承中华优秀传统文化,创新性地发展中华优秀传统文化,就要对文化形态中蕴含的内在学理进行深入分析、系统总结，才能更加全面、深入、客观、理性地把握中华文化的精髓。

中华文明是四大文明古国中唯一没有中断的文明，在五千年文明史中积累了丰富的历史经验，比如如何处理不同文明之间的差异、如何实现国家的大一统、如何处理好地方与中央之间的关系、如何实现社会阶层有序流动、如何形成民族之间的和睦相处、如何实现富国与富民之间的平衡、如何形成合理有序的社会管理体系等，这些国家治理、社会管理、民间治理以及国际关系处理等方面的经验，可以为中华民族的未来发展提供历史传承，也是中华民族伟大复兴的经验借鉴。

世界上有四大文明古国，其他三大文明都因为各种各样的原因中断了，古印度文明大约消失于公元前 1000 年，两河流域文明衰落于公元前 224 年，古埃及文明灭亡于公元 303 年。唯有中华文明绵延了五千多年没有中断，这就不得不让我们仔细去思考，中华文明是如何兼收并蓄、包容并举而不断壮大的？中华文明是如何吐故纳新、与时俱进而不断发展的？

文明是体现在人类演进过程中的民族意识、礼仪规范、宗教思想、风俗习惯、科学知识以及技术水准等要素的总和，是人类对自然、社会与自我认知的总结。任何一种文明的产生，都是在特定地理环境和漫长历史进程中的交合作用的产物，文明的产生环境和萌发过程，不仅决定了这种文明的根本特点，也决定了其后续发展的整体走向。

了解中华文明，我们会意识到：政治理想的长期稳定和国家治理体系的相对完善，使中华文明选择了内敛式的政治文明，即不断完善政治文明，不断调整经济体制，不断吸纳外来文明，以实现《礼记·礼运》中所描绘的小康社会，去追求大同理想。在这种以内部调整为动力的文明传统中，国家的繁荣和发展不是依靠外部的掠夺和占有，而是依赖于内部体制的自我更新和经济模式的自我完善，来渐次达到国富民强的目的。这种内敛的政治文明，伴随着先进的耕作技术和科技知识，推动了中华文化的向外扩张，辐射到周边国家，形成了具有独特内涵的中华文明圈。

不知过去，无以图未来。如果把中华文明视为传统之江河的话，那么，我们正处在河的中下游，就必须了解这条河从哪里起源？流经何处？我们同饮的一江水，究竟是怎样的成分？我们所理解的国学，正是基于文明史视野中对中华文明的观察与反思，试图从中寻找到中华文明一以贯之的思想观念、文化形态、学说资源、研究方法，总结中华文明绵延不绝的核心命题、基本学理和观察视角，勾勒中华文明发展的内在规律、发展模式和历史经验，以此作为我们面向未来的思想基础、学理支撑与经验总结，成为我们在世界文明激荡中站稳的基石。

国学是中华优秀传统文化的学理总结。文化是指一个国家、一个民族在历史地理、风土人情、传统习俗、生活方式、行为规范等方面的一切习惯与经验的总和。文化会因地域、文明、宗教与生活环境的不同，形成群体差异；也会因个人经历、教育和心性修养的不同，呈现出个体差别。中国传统文化是中华民族在长期的历史演化过程中所形成的思维方式、价值观念、生活经验与社会认知，体现在物质形态、精神文明、政治体制、风俗习惯、思想意识和文学艺术等多个维度之中的文化特征。

国学主要侧重于讨论、分析和总结中国传统文化中一以贯之的思想、精神、观念与方法等。我们了解国学的目的，不是为了钻故纸堆，而是为了寻找到滋养中华民族几千年的养分，寻找到活在我们灵魂深处的那些思想和观念。大而言之，让中国在科技进步中不要忘了自己的身份，以致无所适从；中而言之，让社会在经济发展中不要失去价值认同，以致一盘散沙；小而言之，让我们不会因为现代文明而失去文化基因，以致自我迷茫。

从这个角度来看，国学是中国的学脉、文脉，更是中华文化的气脉、命脉。了解国学，研究国学，传播国学，不是要因循守旧，而是要推陈出新，去芜存精，吸收前人的智慧，总结历史的经验，为我们现在的发展提供参照，为我们未来的走向提供滋养。

作为思想体系，国学存在于经、史、子、集四部典籍中，我们耳熟能详的经典如《周易》《老子》《论语》《孙子兵法》《黄帝内经》《坛经》等，承载了中国古代关于天人关系、人人关系、身心关系和人神关系的理解，构筑了中国思想的根基，成为驱动中华文明延续、发展和自新的内在动力。

作为文化观念，国学是沉浸在中华文明进程之中的习惯、认识和价值判断，体现着中国人的精神气质、文化追求和审美情趣，作为文化传统的精髓绵延不绝，有些直接深入到我们的价值取向、风俗习惯和生活态度中，成为中国文化的灵魂。

作为学术方法，在国学传承的过程中，形成了一系列的研究方法，如版本的考订、目录的编纂、校勘的方法、辨伪的原则、辑佚的实践、训诂的使用等，在经过了长时间的积累和无数学者的总结后，成为研究文献典籍、理解思想学说、学习文化观念的基本手段。

作为文献形态，我们要把经、史、子、集放在不同的层面上去考量：经学的立意在于思考社会共识、天下之事与人类命运；史学着眼于阐释一个朝代的兴衰成败，侧重于观察一家、一国、一族、一区、一事之变迁；子学致力于解说各家观点，以某一立场阐释对社会的理解、对人生的思考；文学的立足点是传达一己之情绪、个体之感受，抒写人同此情、情同此理的人生体验。文献学上的经、史、子、集的分类方法和排列顺序，大致有这样一个基本的思考在其中，体现出由天下至于家国、由群体至于个人的关照视角，我们阅读古代经典，正可以从这个视角来审视四部文献的差异。

这就决定了我们所讨论的国学，是基于中国传统学术立场的思考，是按照文献处理方法、学脉传承方式和学术研究方法而进行的，进入到经典阅读和学术研究的语境中，按照传统学术的理路观察、思考和处理传世文献，结合现代学术方法，进行更为有益的探索，沉浸其中，超乎其上，守正出新，后来居上。

儒学的修为

儒学能够成为指导中国两千多年的历史进程的学说，不仅在于它的理论形态与帝制体系之间的契合，更在于它的思想倾向和精神追求符合士阶层的文化心态和人文理想。因而儒家学说作为中国古代文化传承的载体，不仅成为士人修身治国的理论基础，而且集中体现了中华民族的人文传统和价值取向。

儒学思想的优点是人本意识浓厚，缺点在于这种人本的关怀是建立在怀古情绪之中的。孔子一直对周朝制度的衰亡和解体带有伤感，因而以恢复周礼作为自己的使命，而《诗经》《春秋》《仪礼》恰好产生于春秋战国这一政治变局之中，没有成功的经验可资借鉴，便不由自主地把孔子对周制的怀念注入进去，使大家觉得天下大乱，是因为违背了周制。那么周制是从哪里来的呢，来自文王、周公，他们又继承了尧舜等的治国经验。这样，先秦乃至秦汉儒生逐渐勾勒出三代治世的图景，并将这些图景作为一种理想，希望现实中的君臣以三代圣君贤臣为榜样，以仁义、礼乐治国，逐渐演化成了王道政治理想。王道思想将建立“小康”“大同”社会作为理想，将圣君贤臣作为治国模式，讲究“内圣外王”的政治人格，试图通过“格物、致知、诚意、正心”等途径培养一个个健全的个人，而后参与到家、国政治体系之中，通过均富、安民、礼乐教化等建立起一个上下合同而有序的社会形态。

儒家学说从诞生之日起，就有参与政治、融入社会、改变人生的意识。可以说孔子、孟子周游列国，正是为了实现自己的理想。为了实现这一理想，孔子听说有人要用他，就不免心动。《论语·阳货》中记载公山弗扰、佛肸招孔子，孔子想去，而为子路劝阻的事情。建立在这种强烈致用心态上的儒学，自产生之日起，就强烈地关注现实，渴望参与政事。孔子弟子中的子贡、冉有、子游等都曾入仕，秦汉之际，孔子后裔孔鲋直接参加陈胜的起义。汉代以后，儒生可以直接通过察举、科举等制度参与政治，因而经书中经世致用的精神在儒学的传承中得到了全面的发展。

儒学充满着强烈的政治批判意识。《论语·季氏》中说："天下无道，则礼乐征伐自诸侯出。天下有道，则政不在大夫。天下有道，则庶人不议。"说的是天下按照治道运行的时候，礼乐等制度的建设和征伐等政令的发布都出自天子；无道的时候，则正好相反，大夫不尊天子，自行发布政令，这就不可避免地引起下层百姓的议论。大家注意，在孔子看来，庶人议政是合法的。因而在《论语》中，有很多议论、批评朝政的话，如季氏伐颛臾、冉有等人聚敛等，都引起了孔子的评论。

这种政治批判精神的形成，取决于两个定位：第一，先秦儒家认为君臣之间并非隶属关系，而是合作关系。孔子说"邦有道则仕，邦无道，则可卷而怀之"；孟子也说"君有过则谏，反复之而不听，则去"；郭店竹简《语丛一》里说的"君臣，朋友其择者也"，"友，君臣之道也"。正是这种意识的反映。这种带有遇合色彩的君臣关系，能够使士人从旁观的视角来审视政治的得失，因而形成了独

砥柱。如果社会上的人都是充满仁爱的人，善于学习的人，那我们这个社会中，就少了很多的罪恶，少了很多的灰暗。

孟子说："我善养吾浩然之气。"（《孟子·公孙丑上》）浩然之气就是道德充实所形成的铮铮傲骨和伟岸气度："富贵不能淫，贫贱不能移，威武不能屈。"（《孟子·滕文公下》）这是所有人心中期望的理想，也是我们心目中的品格伟人和道德完人。这种傲骨来自于理想人格的坚持，这种气度来自于仁爱精神的宽广。这些精神是从小事做起，从身边做起。尊敬自己的老人，然后尊敬别人的老人；爱护自己的孩子，进而爱护别人的孩子。如果能做到这一点，就可以先做家里的榜样，再做天下人的榜样。把这种思想和行为推广出去，就可以治理天下。在儒家看来，修养身心的目的，除了完善自己的品格，更要把内心的仁爱、善良施于周围的人，广施于天下。

儒家的修身治国思想，彰显了他们的宽容、博大和严谨。孔子说："己所不欲，勿施于人。"（《论语·卫灵公》）自己不想做的事情不要让别人去做。我们反过来看纵横家：自己不愿意做的事情，想办法让别人去做。一比较，做人的境界和高下就分出来了。孔子又主张："在邦无怨，在家无怨。"（《论语·颜渊》）即使自己不能顺利发展，也不要抱怨。这里面包含两层意思：一是说自己没有怨言，国家怎么样自己也不埋怨，不愤世嫉俗，默默地去建设它，去改变它；在家也是如此，不要发牢骚，用积极的心态去面对家庭琐事。二是要兢兢业业，认真负责，自己治家，家人不埋怨我们；自己行政，国人也不埋怨我们。如果能达到这样的世事洞晓，人情练达，就可以去治理天下了。

儒家强调的修身，是以学习来提高自己的知识和德行，通过修身把知识和德行转化为自己的行动，进而推广到自己的家庭中，推广到社会中，进而担负起建设国家和服务社会的使命。儒家的智慧，在于深沉的自我坚持，坚贞的自我修炼，看起来不聪明，却是成就事业的第一步。一个人只有自我修养到一定的境界，才能把个人的价值和整个社会的发展结合起来。把自己的修养作为事业发展的开端，把天下人的德行培育作为学说的立意，鼓舞并激励人人向善，人人进取。这种刚健不息、勇于进步、不断完善的精神，是中华民族生生不息的力量源泉。一个人如此，一个国家如此，一个社会也是如此，只有不断提高，不断完善，前赴后继，才能够战胜所有困难，实现至善至高的理想。

坚持学习和修身，是为了达到“内圣”；注重人伦关系和社会秩序的顺畅，是儒家“外王”之道的立足点。儒家把社会归结为君臣、父子、夫妻、兄弟、朋友五类关系，并规定出各种身份的人在社会关系中的行为准则，来保证个人与社会的良性互动。比如说，用忠来处理上下级关系，用孝来处理父子关系，用和来处理夫妻关系，用义来处理兄弟关系，用信来处理朋友关系。

儒家认为治国之道是国、家和身三者统一，天下之本在国，国之本在家，家之本在身。家族是由一个个家庭作为单元构成的，国家是一个个家族构成的。儒家从培养一个个体入手，从个体的角度来看，一个家族先要内部和谐。一个人在家族内部能够给妻子做榜样，给家庭其他成员做榜样，能跟家族成员处理好关系，这样的人将来参加工作，才能够跟同事、领导处好关系。把对长辈的“孝”和对国家的“忠”联系起来，把家里兄弟之间的“悌”移作外面朋友之间的“义”，在家里先做一个好孩子，在工作上做一个好职员，然后才能做一个好领导。

从国家的角度来看，一个国家要想治理好，首先要注意实现每个家庭的和睦，一个个家庭关系处理得好，社会才会稳定。中国古代为什么愿意去表彰那些贞妇、孝子呢？就是用榜样的力量，宣扬一种道德，弘扬一股正气，这些正是国家秩序和社会稳定所需要的。儒家说："善政得民财，善教得民心。"（《孟子·尽心上》）善于理政的人，能够让老百姓富足起来；善于理国的人，能够使民心向善。为了引人向善，儒家主张兴教育："兴国之本在教化，教化之本在学校。"让国家振兴，首先就要振兴教育。那么，振兴教育的根本在哪呢？在学校。所以，儒家从培养人开始做起，试图一步一步地把社会上所有的成员和公民，都培养成为心智完善、知识丰富、修养良好的人。百姓文质彬彬，国家没有理由不文明；百姓富足了，国家没有理由不富强；百姓拥戴政府，国家没有理由不稳定。由内圣到外王，由个体到整体，一家一邦地向善，最终达到天下大治。

道家的超越

道家追求超越。“越”，就是说比一般的社会人站得高一些。孔子评判人，是看他是君子还是小人，孟子、荀子都是看是性善还是性恶，这多是从品德的角度来衡量人。道家不屑于这么看。他们认为人的本性是与天一样的，“道生一，一生二，二生三，三生万物。”天、地、人同生于道，道什么样呢？看不见，摸不着，就是一种浑浑沌沌的状态。道法自然，人的本性就是自然，自然就是天性了。

什么是天性呢？就是无拘无束，自由自在，逍遥洒脱。在老子、庄子看来，人生活在世界上是非常受累的，真正要想保持自己的性情，就要超越现实。因此，道家提出要退守、要沉默、要虚空、要安静。儒家讲“智者乐水”，智慧的人像水一样，遇到障碍聚集，顺势就流走，放在什么容器里就形成什么样的形状。道家也讲“上善若水”，但肯定水的时候不是看到水的变化多端，而是说水利万物而不争，天下万物都离不开水，水滋养万物但不去争功。儒家看到水的变化和智慧，道家看到的是水的德行和深沉。

儒家说“人往高处走，水往低处流”，道家却认为人应往低处走，像水一样，要做退守之道，无为而无不为。什么意思呢？就是说我们不要轻易去改变别人，也不要轻易改变自己，更不要妄图去改变世界，因为天下万物自有它存在的道理。人生下来的时候，像赤子一样天性纯真，为何后来变得那么复杂？就在于后天的异化。因此要顺应自然，努力保持赤子特有的淳朴纯净。治理国家也是如此，不要轻易扰乱百姓的生活，今天让他们修梯田，明天让他们退耕还林，朝令夕改，会让老百姓无所适从。国君、政府清静无为，让天下的老百姓像禾苗一样自然而然地成长，天下必然和谐。

在儒家看来，培养人就能改变社会，而道家认为，培养人不一定能改变社会。“祸兮福之所倚，福兮祸之所伏。”（《老子》第五十八章）在得到一个东西的时候，就意味着失去了另一个东西；失去一个东西的时候，同时也是得到了另一个东西。因此，不要过分地强调是得还是失。人的德行也是如此，培养了伦理意识，开始强调远近关系，就失去了纯真的性情。万事万物都存在一个度，存在一个相反的方面。从这个角度来思考，老子认为，“曲则全，枉则直，洼则盈，敝则新，少则得，多则惑。”（《老子》第二十二章）委曲的事物容易保全，弯曲的东西能够直立，低洼的地方才能装满，破旧了才能更新，少欲就能多得，多思就会迷惑。因而，与其不停地培养民众，倒不如让他们自由自在地生活。

对于理想，儒家比道家积极；对于现实，道家比儒家看得透彻。儒家看到的都是社会阳光灿烂的一面，道家看到的则是社会中相对灰暗的一面。庄子说：“窃钩者诛，窃国者为诸侯。”（《庄子·胠箧》）偷一个东西的人被杀了，盗窃一个国家的人却做了诸侯。这种思考源于道家朴素的辩证思维。老子便说：“大直若曲，大巧若拙，大辩若讷。”（《老子》第四十五章）真正正直的人和事，看起来像是弯弯曲曲的样子。树要参天，发芽要曲。真正的正直，不是鲁莽地争执，而是忍辱负重地坚守正道。真正智巧的人看起来笨笨的，实际上智慧是在心中；反倒有些人的聪明是写在脸上的，只是小聪明。真正会说话的人话非常少，反倒不会说话的人整天唠唠叨叨。老子在几千年前，说出这样的话，真是世事洞晓。老子还说："信言不美，美言不信。"（《老子》第八十一章）意思就是，真实的话听起来不美，美的话听起来不真实。批评的话、实事求是帮人分析的话听起来，并不是那么华美的，有时候甚至听起来很刺耳。所以，我们习惯说美言，而宁肯少说信言，不肯冒这个险去得罪别人。

道家虽充满大智慧，但总体上来说，他们是反对才智的。道家认为，社会上之所以有这么多的争夺、这么多的罪恶、这么多的杀戮，原因就是才智创造了财富，有了财富大家都开始抢夺，从而人心不古，秩序开始紊乱。老子说要"绝圣弃智"（《老子》第十九章），就是不要有这么多引人非分、使人算计的聪明。但是，老子一方面反对这些智慧所带来的罪恶，另一方面却强调人要讲智慧，说："知人者智，自知者明。"（《老子》第三十三章）一个人最难了解的是自己，最无法超越的也是自己，而站在自知的基础上去认识别人、改变社会就更难了。与其如此，不如退默，不如守拙。所以，"圣人处无为之事，行不言之教"（《老子》第二章），不要去骚扰别人，更不要用语言去教育别人，而是要引导他自觉去顺应自然，体悟大道。

正因为道家看问题的境界比常人高，它是在追求一种精神的自由和超越，而对社会的关注又少，其后的道家就慢慢地开始远离现实，开始更关注心灵的修炼和心性的调养。战国时期，庄子注重的是精神的超越，杨朱强调的是肉体的保全，列子追求的是羽化成仙。这些思想后来逐渐进入到道教中，建构了道教最基本的理论体系。

道教和道家最大的区别在于：以老庄为代表的道家是顺应自然的，认为人的生死祸福都是自然运行的结果，人应该顺应而不应该改变；而以杨朱、列子为代表的道家，却试图通过养生、全形延长生命，是反自然的。后来的道教正是在杨朱、列子的思想上继续发展，建立起了一套养生理论体系。

这套养生理论是以丹道理论为基础的，包括外丹学说和内丹学说。外丹就是用各种矿石炼制成所谓的金丹，配以服食之法，来保养身体，延长寿命。内丹学说是一种调养身心，讲究性命双修的理论，要求修炼者先要修德养性，然后配合以调息、行气之法，以身体为炉，以精气神为药，在体内形成金丹，以全养性命。

内丹学说形成很早，《庄子》的"坐忘""心斋"，便是心境的修炼。屈原的《远游》说："入见王子而宿之兮，审一气之和德。"已经有了调息的记载。调息就是通过调整呼吸来行气。后经过魏伯阳《周易参同契》、司马承祯《坐忘论》等阐述，内丹学说逐渐完善起来，成为中国气功理论的基础。

内丹学说以精、气、神为三宝，认为人是由精、气、神组成的。先天的叫元精，至清至精，如赤子；后天是浊精，由欲念而产生。人要长生，需要保持元精不散不浊，摒弃后天欲念导致的浊精。怎么办呢？要归于"虚之极，静之笃"，保持虚无的状态，把自我忘掉。这时，一要自然，把自己化到自然之中，清静无为，不要多想，闭目养神，做到人与天地同体。二要自如，让自己彻底放松，仿佛天地万物与我为一。这样就能抵制外在的诱惑，做到至清至纯。

道教认为，气分先天之气和后天之气，先天之气不是用肺呼吸的，后天的气是用肺呼吸的。小孩在孕育之中不用肺呼吸，这类似于所谓的先天之气。先天之气浑然一体，可以滋养元精。神也是分先天神明和后天认识的，神藏于心，气藏于肺，精藏于丹田。先天的神明好清喜静，可以不通过眼睛观察，不通过耳朵谛听。内丹练气化精，炼精化神，炼神还虚，洞识天地万物之玄理，达到“一纪飞升”，从而延寿长生。

道教的修炼，常人很难完成。首先，修炼讲究法财侣地。法财，指的是要有充足的经济保障，所以古代炼丹的大多都是富人，或者是得到富人支持的人；侣地，指的是要有一个很清静的地方，修炼时注意力高度集中，最忌讳惊惧，否则容易走火入魔。其次，修炼的过程十分繁复，要百日筑基，先静坐一百天；炼精化气，运行小周天，要十月养胎；炼气化神，是把修炼的内丹回来滋养身体，要三年哺乳；练神还虚，达到练虚合道，要九年面壁。这些繁琐的过程，我们想想可以，恐怕没有能力可以做到，所以在现实生活中的人，既不能长生，更不可能成仙。

佛家的超脱

佛家讨论离开尘俗的、看破尘俗的超脱。我们可以选用七句话来概括佛教的内容。

第一句是“一切皆为虚幻”。佛家认为，人可以感知的东西都是假的。佛学的创始人释迦牟尼曾坐在菩提树底下苦思冥想，思考了很长时间后豁然开朗。他在想什么呢？在想人苦难的根源是什么，人怎么能够解决苦难。最后他发现，人间的一切都是虚幻的。《金刚经》说：“一切有为法，如梦幻泡影，如露亦如电，应作如是观。”世界上所有的事物，从空间上来说都是渺小的，从时间上来说也是暂时的。这和庄子的学说有点相似，比如说寿命，《庄子·逍遥游》里讲，有的人活八百年，有种树活上千年，长不长？的确长。但也有动物朝生暮死，也有花朵朝开暮落，短不短？的确短。但是同样都有结束的时候，最终都归于寂灭。大家都知道《红楼梦》里，无论多么漂亮的女子，多么有才情的公子，多么强的权势，多么富足的荣华，最后哗啦啦全完了。《桃花扇》最后也是说：“眼看他起高楼，眼看他宴宾客，眼看他楼塌了。”当年辉煌之时，宾客满座，胜友如云，到最后都会消失殆尽。所以，人的一生活一百多岁也好，活几十岁也好，都不过是暂时的存在。佛家正是看到了眼前拥有的是虚幻的，任何外在的名利、富贵、美丽生不带来，死不带去，今天拥有的东西明天可能拥有吗？前半生拥有的东西后半生可能拥有吗？不一定。世上没有不变的幸福，也没有消失不了的痛苦。一切都是虚幻的。既然一切都是虚幻，何必执着于那些与自身无关的名利、富贵、财货，要好好珍惜当下的幸福，不要有非分之思，不要过分贪婪那些乱七八糟的虚妄之事。

第二句是“人生是无边的苦难”。佛家把人生看透了，把人世看穿了。他们认为人生在世都是因果报应，现在做好事将来是好的报应，现在做坏事将来是坏的报应。对今生来讲，一个人在自己的哭声中来到这个世界，在别人的哭声中离开这个世界，一生都是避不开的痛苦。这样一来，佛家一下子就把人生看破了：既然人生是虚幻的，努力也没有办法改变，人生注定是不停地痛苦，所以何必改变？既然没有必要改变，又无法改变，那怎么办呢？就要看穿人生，看破人生，看透人生。《西游记》写唐僧师徒西天取经，要经历九九八十一难，要不断超越困难、克服困难，才能取到真经。我们从佛家的角度来看，就会发现他克服了八十一难，无非是完成了一个轮回。唐僧本来就是金禅子，是十世修行的高僧，最终回归佛门。他那三个徒弟，对他们来说克服这些困难或不克服这些困难，都不影响他的生死寿夭，克服了困难，无非是消除罪孽，遁入佛门，也是以修炼来完成轮回。既然如此，就要看淡困难、看破虚幻、珍惜眼前的幸福快乐。

第三句是“色即是空，空即是色”。“色”不是我们通常说的颜色的“色”、女色的“色”，它是指所有的景象、所有的幻象，包括听到的、看到的、摸到的、吃到的、闻到的所有。而这些，都是暂时存在的，他们的美丽也是虚幻的，都是心里面生出来的。所有的期望都是心生的，空是所有形象的本原。我们觉得这东西贵重，那是心里面觉得它贵重；我们觉得这个东西不贵重，那是我们心里面没有看到它的价值。所以，境由心生，心生万象。我们举个例子，商朝的货币是贝壳，就是我们现在常见的像指甲盖那么大的贝壳。商朝人在中间钻一个眼，拿着当钱花。我们去殷墟的墓里面看，一堆一堆的陪葬品都是贝壳。那个时候的人拿贝壳当钱币，就是因为在当时，老百姓认为贝壳是比较珍贵的东西，而现在的人又认为不珍贵了；而我们现在认为很重要的东西，可能再过几十年那些东西在人们看来又不贵重了。钱币尚且如此，更何况其他的万物呢？佛家告诉我们的就是：只有心境超脱，才会放下许多羁绊，不受尘俗的诱惑，行到无为品自高。

第四句是“一花一世界，一佛一如来”。一朵鲜花就是整个世界，任何人都是如来。佛心迷时，和老百姓没有区别，顿悟时，人人也就成了佛。自性迷，佛即众生，自性悟，众生即佛。当没有想透世界时，佛和老百姓一样。当想明白的时候，每个人都像佛一样。我们去佛寺里参观时就会发现，佛最大的特征是什么？他们都是面带微笑，目光微垂，笑看芸芸众生。在佛家的教义中，佛是高于普通老百姓的，他在上面面带微笑地看：天下熙熙，皆为利来，天下攘攘，皆为利往。为一丁点东西大家去哄抢，为了一丁点的利益大家去争夺，都是没有想明白那些东西和利益只是身外之物。要是想清楚、想明白，我们就会善待自己，不空去耗神费力。所以，佛是众生心内之佛，众生是佛心内之众生。无论我们是一朵花，还是一片花丛；是一滴水，还是一片汪洋，只要能体认出一切都是虚幻的，一切都是苦难，色即是空，空即是色，那我们就精通了佛理，我们就是佛。有时候拜佛的时候，求佛给我们什么东西，其实不明白，我们期望得到的东西，实际上不能永远拥有。爱情可以永远拥有吗？财富可以永远拥有吗？不一定，佛是把我们奢求的一切看穿了，所以总是微笑面对大家的天真和固执。我们要懂得，学佛应从心中求，要让自己心定，心止，才能从容，才能淡定。拥有一棵树木，也能欣赏生机勃勃、花开花落；拥有整片森林，同样能心止如水、精神空灵。

第五句是“苦海无边，回头是岸”。佛家认为：“诸恶莫做，众善奉行，自静其意，是诸佛教。”人生是痛苦的，人不要执迷于幻象，更不要执迷于那些得不到的东西，回过头来想清楚人生的虚妄，想清楚人生的苦难，就不要再去做恶事，要做善事。要让自己的心智真正宁静下来，这样的话，就能够掌握人生的真谛。

第六句是“六根清净”。六根是眼睛、耳朵、鼻子、舌头、身体、意念，这六个方面要自守其静，保持清静，不要受外在的污染。作为正常的人，我们的眼睛喜欢看各种美色，耳朵喜欢听好的音乐，鼻子喜欢闻好的气味，舌头喜欢吃甘美的食品，身体喜欢随心所欲，意念也常常随外在的各种诱惑而波动。所以，要想真正地摆脱痛苦，就要守住自己的本性，不要受外界事物的干扰。眼中只有真实与空灵，待人接物，不会因为对方的穷贱富贵，而引起心里的波动；也不会因为对方的美丽丑陋，而心生区别。只有这样，才是达到了修行的高度，真正体会到淡定、从容，从而进入到没有痛苦、没有伤感、没有兴奋、也没有失望的境界。

最后一句是“以戒为实”。“戒”，就是戒律的戒。心境开阔平和之人，做事必有原则。佛家讲六戒、八戒，讲的就是不该说的话不说，不该做的事情不做，行为坦坦荡荡，内心就会少受折磨。只有把自己的心境完全打开，才能体会到人生的快乐和幸福。

佛家强调养心，即通过思考、通过修炼、通过顿悟，明白万事万物不过是眼前虚幻的存在，人生在世，不过是一过客，终会得到幸福，也终会失去痛苦。换一种想法，就明白了人生那么多苦难、那么多无奈，要改变的只有自己。想明白了，想通了，就会发现，世界其实已经改变了。

中国文化中的雅与俗

文化要雅还是要俗，是文化艺术界常常关注的话题。雅是要求文化艺术要高雅、优雅，俗则要求文化艺术要通俗易懂、浅显易解，二者似乎是对立存在的。我们也知道雅俗共赏是理想状态，但在创作中，却很难实现雅与俗的兼得。我们可以从中国艺术史来观察雅与俗是如何齐头并进，共生共荣，促进中国文化的发展的。

就自然特征而言，雅与俗本并无截然区分。其之所以成为对立的范畴，在于文化情趣的取舍。

最早的雅俗之争，出于对两周音乐的评价。《论语·阳货》记载孔子之言："恶紫之夺朱也，恶郑声之乱雅乐也，恶利口之覆邦家者。"孔子将流行于郑地民间的俗曲视为郑声，将流传于鲁地的周乐作为雅音，认为百姓喜闻乐见的郑声扰乱甚至取代了雅乐，让他感觉很不好，几乎是脱口而出地痛斥。

郑声的特点，一是音律汪洋恣肆，不同于雅乐的中和雅正；二是为民间俗曲，多言男女情事。在孔子及其弟子看来，这种曲子"淫于色而害于德"(《史记·乐书》)，因而不仅要批评，还要排斥这种俗曲。但在那时，雅乐因为内容保守古旧，形式单调枯燥，逐渐被新兴的民间俗乐所取代。当时歌下里巴人者，和者众；歌阳春白雪者，和者寡。很多国君如魏文侯、齐宣王、梁惠王等都忍不住要听俗乐，甚至说听郑卫南楚之音不倦，听古乐而昏昏然。

到了汉代，周代的雅乐基本失传，即便宫廷乐官能够演奏雅乐，也不知道这些音乐的内涵。《汉书·礼乐志》就说："乐家有制氏，以雅乐声律世世在大乐官，但能纪其铿锵鼓舞，然不能明其意。"雅乐失传，那就只好用俗乐来救场。汉代借鉴了周代采诗制乐的做法，从民间采集音乐，依据旧曲与民歌的音乐风情来作朝廷用乐。汉代流行的清商乐，正是由孔子及其弟子所谓的"郑声"发展而来，简直是"以郑声施于朝廷"(《汉书·礼乐志》)。这样一来，清商乐便替代了周代雅乐，成为音乐的主流。

魏晋南北朝的学者意识到雅俗各有所长，不再强调孰优孰劣。陆机在《文赋》中说："缀《下里》于《白雪》，吾亦济夫所伟。"认为《阳春白雪》和《下里巴人》并用，方能充分吸收前代文化的养分。刘勰也认为好的文学作品，应该做到雅与俗的统一。他在《文心雕龙·通变》中说："斯斟酌乎质文之间，而隐括乎雅俗之际，可与言通变矣。"雅与俗，自其不同来看，是审美倾向的选择；但自其同来看，分别代表了文化的两个侧面，不能轻易偏废。俗曲虽音调清丽，却易浮泛浅俗；雅乐虽中正温和，却失之呆板。只有二者结合起来，才能做到"丽而不浮，典而不野"(萧统《答湘东王求文集及诗苑英华书》)，具体做法便是"参之史传，……杂以风谣，清唇利吻，不雅不俗，独中胸怀"(萧子显《南齐书·文学传论》)，兼取雅俗。对雅乐而言，应当吸取俗曲的浅切清丽，让语言平易近人；对俗乐而言，要吸收传统诗文的典正温文，避免熟滑粗浅。

唐宋的文化繁荣，与对雅俗关系的正确理解是分不开的。初唐上官仪、沈佺期、宋之问的诗歌，注重规范化和贵族化，有明显的雅化倾向；而王梵志、寒山、拾得等人的诗作，有意识运用俗语、俗体，形成以俗为美的新范式。两派作者呈现雅俗并进的态势。"初唐四杰"则在避免齐梁诗风的颓靡中，注重恢复汉魏古诗传统，以雅化作为矫正齐梁流俗的方式，为盛唐诗歌的繁荣做了铺垫。

中唐之后，文化下行促成了士人与下层民众的接近，平民诗人的参与、世俗生活的书写和俗语入诗，成为诗歌发展的新动力。白居易、张籍、刘禹锡等人，试图学习民歌的技法，用浅切的语言，有意识地吸收民歌来创作，向通俗化努力。而韩愈、孟郊、贾岛等人，则有意识地让文学表达远离生活，通过句法的调整、意象的变异和字词的艰涩，以丑为美，避免诗的老熟。

雅俗并进的风气一直持续到宋代。北宋主张效法白居易诗体的白体诗人，以及南宋因陈起刊刻的《江湖集》而得名的江湖派诗人等，更注重吸收浅切平易的诗风，以俗为美，形成了尚俗倾向。而以西昆体（因《西昆酬唱集》而得名，大多师法李商隐）、江西诗派（强调"夺胎换骨""点铁成金"，追求字字有出处）为代表的诗人们则喜欢用奇崛险怪的意象、沉厚凝重的典故，把诗做得一般人很难看懂，雅到了没有知己。

词是音乐与文学合璧的产物，最能看出雅俗观念变动的轨迹。原本产生于民间歌唱的曲子词，到了文人手中，不自觉就会被凝炼和提纯，吸收正统文学的词汇和意象，逐渐变雅，是为雅化。但俗文学也有固守自身传统的动力，有时也会影响正统文学的风格，让其更通俗一点，使得文化中有俗的一脉。

唐五代词人的创作，不知不觉开始雅化，逐渐把歌伎之词变成了士大夫之词。从敦煌曲子词、《花间集》到晏殊，再经过秦观、贺铸、周邦彦、姜夔、张炎、吴文英等人之手，词越来越清雅、典正。但柳永却致力于词的俗化，有意识用俗曲、俗事、俗语来作词，形成了以俗为美的创作风尚。

词用燕乐之所以为唐宋人所喜欢，是因为在唐代时，以琴瑟伴奏的清商乐已经变成了雅乐，与以琵琶伴奏的燕乐相比，太清丽优雅、曲高和寡了，原本被视为俗乐的燕乐便取代了清商乐，成为唐宋最为流行的音乐，以之伴奏的歌词，也成为这一时期摇曳情思的艺术形式。

但到了南宋后期，懂得燕乐的人也少了，依曲填词几乎变成了少数音律家的专利，燕乐又变成了雅乐。与之相对应的，则是北方少数民族音乐的流行，其节奏变化灵活，不再过分拘守字词的严格，甚至可以通过增加衬字，自由灵活地书写个人情感。于是北曲开始流行，散曲也替代了词，成为新的文学风尚，也促成了新的文化风气——在诗之境阔、词之言长之外，增加了曲的畅达。元代文人既没有唐人那样高昂的理想可以抒写，也没有宋人那样的闲情逸致可以表达，他们便直白而诙谐地劝告自己学会闲散，学会浪迹，笑看风云，冷对黑暗，使得元曲呈现出通俗而泼辣的风格，成为中国文化的新元素。

中国戏曲也是在雅与俗的相反相成的变动中不断发展。相对于宋词来讲，散曲最初是通俗的，但在文人手里，也开始走向雅化。同样原本通俗的元杂剧，经过文人之手，也逐渐开始雅化，成为文人案头之作，而不是戏院里的演出脚本。

明代戏曲文学流派吴江派（主曲律）与临川派（尚意趣）的分歧，便是前者强调戏曲要适合演出，要保持戏曲表演的生命力；后者重视戏曲的可阅读性，期望剧本能够成为文学典范。从文学的角度来看，临川派的创作更精致；但从戏曲的角度来看，吴江派的演出更精彩。

若从更为宏阔的文化视角来看，只有将二者结合起来，实现雅俗共赏，才是文化发展的康庄大道。既要以文人之雅提升俗文化的品位，使之能够涵养性灵，浸润品德，形成审美趣味的优雅精致；也要不断吸收民间艺术的养分，使之能够清新自然，活泼生动，实现艺术表达的真切可感。

第二辑

蒙学与儿童教育

蒙学文献的价值

从历史的角度来看，蒙学似乎是已经封闭的故纸堆，传统社会所形成的所有的社会关系、历史背景或者生存方式，都已经成为遥远的过去。无论如何研究，都无法唤醒似乎已经沉睡或者已经逝去的观念，更无法返回过往的历史之中，何况蒙学中还有诸多与现代生活格格不入的训诫、教诲，似乎与现代社会有剪不断理还乱的恩怨情仇，让我们既无法放下，又无法忘怀，只能满怀矛盾地审视那些说教，不知道其是否能引导我们走出当下启蒙教育的困境。因此，总会有声音在批判传统的教育，我们理解这些焦虑、担心和不安，是担心我们尚未走进更开明、更理性的现代社会，又会身不由已地回到古代社会，重蹈历史覆辙。但历史研究的意义是，要知道我们"何以如此"，就要更为清晰、更为理性地知道时间赋予我们的所有，是如何支配着个体、推动着群体在不由自主中前行，在无法超越时世的行进中走过一生、走过一代、走过数千年。

蒙学是成年人为孩童设计出来的读物，是带有几分强制性、几分诱导性的教育。在孩童空白的人生经验上涂上各种各样的记号，成为他们一生不能摆脱的幼年记忆。这是一个人成长之初最快获取知识、经验并形成恰当行为的过程，也是人类文明发展的必然产物。人类的知识越丰富，发展得越快速，需要接受教育的年限就越多。这就使得我们不得不朝两端延伸，以保证孩子们获得足够完整的教育，适应不断增长的知识与技能。一是延长教育年限，高中、大学、硕士、博士、博士后，一路走来，常常到三十岁左右才完成专业教育。二是提升启蒙教育的质量，尽可能多地在有限的时间里对孩子进行充分的滋养或灌输。从孩子的胎教开始，家庭便处心积虑地计划着如何把自己未能实现的理想加在孩子身上，使其卓尔不群、超凡脱俗。这需要孩子本身的好奇、好学，但很多时候家庭期望只是长辈的单相思。问题在于，现在很多父母并没有家庭教育的经验，也不知道如何进行启蒙教育，只能手足无措地面对孩子的成长。我们引进了西方的学前教育、家庭教育的很多理念和知识，但这些年却发现，有些在西方行之有效的做法，却并不适用于我们的孩子及其成长的氛围。近年来，很多教育机构又不自觉地转回到中国传统中去，努力去寻找更适合中国家庭的传统教育经验。于是故纸堆里的很多文本又重新焕发了生机，或用为启蒙教育的读本，或作为管理员工的行为规范。但问题在于，很多人并不清楚，这些书在古代是否在用、如何在用、能否管用。

要么弃毁、要么捧杀传统的蒙学教育，都是跟着感觉走的人云亦云，这就需要我们用学术的眼光来理性分析这些蒙学文献。有必要抱着实事求是的态度，去理性观察蒙学建立了什么样的知识体系，形成了怎样的教育理念，积累了哪些有意义的经验，清晰而准确地理解其形成的历史背景、人文情怀和学术旨趣。其中那些不适应现代社会生活的认知，要仔细思考其形成的历史必然性，分析其误入歧途的原因，先进行实事求是的历史考证，再进行恰如其分的价值判断。即便那些一本正经的胡说，源自怎样的思想动因、社会期待和历史病理，也会给我们提供一个有则改之的理据。分析教训要比总结经验更需要有耐心，也更需要有理性，如果不能分析教训何以产生，就无法避免下一次挨打的到来。

对蒙学的研究，起点当然是蒙学文献。这就需要一本书一本书地考证，去观察这些书是怎么形成的。教材从来都是新版本替代旧版本，在千锤百炼中不断完善。无论是知识类的蒙学读物如《三字经》《幼学琼林》《蒙求》《龙文鞭影》《幼学歌》等，还是学规类的蒙学文本如《弟子职》《程董学则》《弟子规》等，或者作文类的蒙学教材《声律启蒙》《笠翁对韵》《千家诗》等，都在大浪淘沙中不断震古烁今，以新著替代旧述，最终凝结为某一经典文本；或者日新月异中不断增衍补益，衍生诸多续书，形成庞大的蒙学文库。每一本蒙学文献，都不是创作出来的，或为因干续叶的推陈出新，或为有模有样的狗尾续貂。考镜源流的文献考察与恰如其分的学理分析，是整理与研究蒙学的初步，既不应因为有些文献的后出而忽略其价值，也不应因为有些文本的早已形成而顶礼膜拜。

这就需要辨章学术，对每一本书的形成、版本、流传进行辨析，考察这些书的历时形成过程，观察文本的累积方式，对相关文献的生成过程做一个系统的梳理。明白这些文献历史上是什么样子、现在是什么样子，对其知识体系的建构和教育理念的分析便会更客观理性。在这过程中，我们对每一本书、每一个版本都怀着深深的敬意，因为存世的蒙学文献，很多是家族传本、家庭藏本，每本书的背后，都有一个曾经拥有的主人，也有一个家庭、一个家族的共同阅读史。墨痕氤氲，有的是抄写印刷的不良，有的则是使用者的泪痕，无论是喜极而泣还是悲从中来，我们常能感觉到书背后是一个个鲜活的人生，是一段段烟云浮现的人生体验。

蒙学的知识体系

教育的本质有二：一是培养一个人健全的心性，形成足以与人类历史阶段相匹配的价值认知，使其能够从更长的历史断限、更高的人文定位来思考个人的言行、观察社会发展的动向、理解人类未来的走向。二是帮助一个人建立基本的知识体系，让他具备所在时代生活必须的常识，形成一个相对稳固的知识框架及对世界的基本理解。前者具有超越性，体现的是人类的理想精神，这样才有圣人、贤人、名家出现，让他们的思想与行为成为人类发展的灯塔。后者具有时代性，体现着不同历史阶段人类知识的某些局限性，这使得我们没有理由苛责此前著述存在这样或那样的不足，更能理解圣人、贤人、名家们无法超越时代的思想困境与人生困惑。

知识体系是一个人在特定历史阶段必须具备的应对日常生活的基本知识，其决定了一个人在多大程度上能够从容自如地面对他所处的时代、他所面临的困境与他试图要解决的问题。蒙学文献之所以不断出新，正在于每本书自其编成之日起，便成为过往的文献，其所建构的知识体系，也便成为历史的记载。其中的天然不足，体现着历史认知与生俱来的无可奈何，就像《百家姓》总有疏漏，《千字文》无法满足习字者更多的要求，《蒙求》难以囊括日渐增多的历史知识、医学知识等，只有续编、补编、增编，才能满足不断增长的知识需求。

在文献研究的基础上，需要对蒙学文献的知识体系进行重点关注。关注的要点在于教什么，即古代中国如何为孩子建构起一个基本的知识系统，让其要而不繁、精而不杂地了解、理解、认知外部世界，让幼时的记忆成为最刻骨铭心的认知，作为后来知识归类的门径。知识体系的建立，不是一个简单的堆积，而是要形成一个有弹性的空间，无论此后增加多少新的说法、概念、文本与学理，都能恰如其分地安置在合适的位置，也能严丝合缝地与此前的体系兼容。

从学理上说起来，知识体系很好定义，也很容易讲明白。但我们只要反思自己面对不同知识系统时的烧脑，就知道我们在知识体系上如何窘迫。比如关于一天要喝几杯水、每天要吃多少盐、一周要走多少路，我们就因面对不同的说法而无所适从。无数的说法似乎都有理，又似乎有些耸人听闻，这就是我们缺少生理的、医学的、体育的基本知识所造成的困惑。家里养的花学名是什么？吃的盐从哪里来？油是怎么加工出来的？十万个为什么能够回答的是知识，如果没有形成知识体系，天天搜索检索，无数杂芜的知识堆积如山没有条理，我们只能望书兴叹而无所适从。

只有掌握了运行、运作原理的知识才能称得上知识。如果不能理解其基本规律、熟悉其运行方式而只知道其命名的，只能称之为概念。在现实生活中，我们常常沉浸于概念的熟知，而忽略对其基本原理、基本学理的理解。很多脱口而出的名词，就像前面提到的世界、社会、人文甚至盐、花、油等，其背后都有一套基础的学理系统。如果理解并进行描述，便能给出一个确切的定义并对其进行系统的解读，这才形成知识。否则，我们引用这些词，只能形成一个个概念，看似描述了外部世界的样子，其实只是形成了语言上的满足，只是在自造的文本幻境中自我欣赏。

给孩子一个完善的知识体系，是家庭教育、学校教育和社会教育合力的结果，也是人类教育的内在要求。这个要求并不奢侈，就是让孩子在成年之前或者少年之前，能够初步掌握生活在这个世界上的最需要的基础知识，学会吸收间接经验，学会面对未知的世界，学会处理人际关系，学会表达自己的想法，知道一生中什么最重要，并养成行为的底线。作为学术研究者，我们尽量从历史的进程中去获取教益、总结经验、形成思路。如果能在未来某个阶段，让那些曾经烛照人类文明进程的所有经验，成为社会发展的参照，成为教育改革的阶梯，成为孩子健全发展的标志牌，人文研究就会更具有延展性。

《三字经》《百家姓》《千字文》《蒙求》《千家诗》《龙文鞭影》《声律启蒙》《笠翁对韵》《幼学歌》及其衍生文献所形成的知识体系，只是古代教育经验的文本化，而不是全部。我们还可以从诸多的学则、家训、家书等学轨类的蒙学读物中看到让孩子形成一个完善的知识体系是何等的艰难。正因为如此，人的智力、悟性、勤奋、机遇等要素综合起来，形成了人的千差万别。如果我们仔细观察，那就是凡是能够成就功业的人，常常是能够创造性地运用已有知识，合理地应对变化无常的现实；能够著书立说的人，常常是能够拓展已有知识边界，在人类未知领域进行探索并将之合理归类。从这个意义上说，蒙学知识体系的研究，不能局限于蒙学文献本身，还要关注于社会史、科学史、文化史、教育史的研究，结合一个个历史人物、一段段历史进程去分析，观察特定阶段的知识体系如何决定了一个人的视阈，决定一个时代的学术盲区，进而思考教育制度、科举制度背后的历史缺失和天然不足。

这需要从长时段的教育史、阅读史进行分析，在具体文化语境中进行系统思考，把每一部蒙学文献作为显露于海面的冰山，从可见的一角思考其形成所需的无穷可能，尽量分析出其最基础的条件，进而归纳天下之冰的共性，是我们需要努力的方向。在这其中，分析过程的合理性和逻辑感，会成为我们观察知识体系如何建构的旨趣所在，并成为我们展开研究的学理基点。

果行育德

蒙学的得名，出于《周易·蒙卦》，其中便讲起启蒙教育的关键不是知识的获取，而是行为的养成。

一是启蒙教育要有来学而无往教，即幼童日常会生出很多问题，待他感兴趣时或者遇到困难时进行解答，而不是提前灌输。蒙卦卦辞中说："匪我求童蒙，童蒙求我。"意思是说最有效的教育，是学生积极主动向老师请教，而不是老师填鸭式的教育。明代屠羲时《童子礼》说："率以童幼之年，不闻礼教。则耳目手足，无所持循；作止语默，无所检束。"启蒙教育，就是通过约束、引导幼童的行为，让其逐渐养成合乎社会要求的规矩。所以，当幼童初次犯错误或者不明白时，老师要认真讲解，让幼童知道道理，从而使其养成良好的德行。

二是蒙卦的象辞言启蒙的意义在于"君子以果行育德"，即教育的目的是通过约束行为培养人的良好德行。也就是说，启蒙教育最重要的事，是按照德行的要求让孩子去养成符合家庭伦理、社会秩序的行为。大家都熟悉的《三字经》中说："首孝弟，次见闻。知某数，识某文。"明确了启蒙教育的顺序，先教孩子孝敬父母，学会长幼礼节，懂得最基本的社会秩序，然后再去学习知识。

由于幼童并不能理解很多规矩、礼节的含义，这就需要家长、老师能够根据社会价值共识、群体要求为幼童设立很多行为的要求，让他们在日常生活中能够通过端正行为、养成习惯来体现道德的要求，是为“果行育德”。宋代朱熹在《训蒙诗百首》中言：“洒扫庭堂职是供，步趋唯诺饰仪容，是中有理今休问，敬、谨、端、祥、体立功。”认为学生在学校的日常行为，即便是值日、行走中，都蕴含着修身养性的要求。其中的道理幼童可能不懂，也不必去讲，是为“不告”，但要求的规矩必须做到，方能“育德”。程端蒙在《朱子论定程董学则》中记述了“果行育德”的要求，有居处必恭，视听必端，言语必谨，容貌必庄，衣冠必整，饮食必节，出入必省，读书必专一，写字必楷敬，几案必整齐，堂室必洁净，相呼必以肯，接见必有定等，正是通过日常行为来养成德行，体现了传统蒙学“蒙以养正”的基本实践。这些要求都是通过外在的约束，让学生养成良好的行为习惯，以体现朱熹所言的“敬、谨、端、祥、体”等修养功夫，从而养成行为端正、品德纯正的君子人格。

蒙以养正

蒙，为蒙昧、无知，以启蒙、发蒙与蒙正之类的词汇言幼童教育，点明了幼童理解世界的特点，那就是心智未开，家长、老师需要通过后天的教育使其获得必要的社会生活经验和人类积累的基本知识。明代霍韬《霍渭厓家训》中说："童蒙以养心为本，心正则聪明。故能正其心，虽愚必明，虽塞必聪；不能正其心，虽明必愚，虽聪必塞。"启蒙教育的养心，并不是成年人那样可以通过博学、审问、慎思、明辨即可获得，幼童时期对抽象之理不能理解，只能由成年人设置诸多行为规则进行约束和引导，在潜移默化中进行养心。

明代屠羲时《童子礼》汇集了诸多行之有效的规则，规范幼童的日常行为，久而久之便能形成良好的规矩。其中言："凡立，须拱手正身，双足相并。必须所立方位，不得歪斜。若身与墙壁相近，虽困倦，不得倚靠。"又言："凡坐，须定身端坐，敛足拱手。不得偃仰倾斜，倚靠几席。如与人同坐，尤当敛身庄肃，毋得横臂，至有妨碍。"我们现在说的"站有站相，坐有坐相"，便是正身而站，不能摇晃歪斜；端身而坐，不能四仰八叉。中国传统的文化教养，体现在行、动、坐、卧、走的一举一动之中，这需要父母、老师不厌其烦地督促、引导和示范。

《三字经》中言："养不教，父之过；教不严，师之惰。"对幼童而言，父母要比老师的影响更大，如果父母只把孩子养大而没有给他们良好的教育，是重大的过失；教育不能严格要求，是老师的松懈怠慢。清代陆世仪在《陆桴亭论小学》中说，很多父母教育孩子未能成功的原因，在于父母不能身体力行地进行示范："教小儿，不但是出就外傅谓之教，凡家庭之教最急。每见人家养子，当其知识乍开时，即戏教以打人、骂人及玩以声色玩好之具。此等气习，沁入心腑，人才何缘得成就?"认为幼童教育最重要的老师是父母，很多父母认为把孩子送到学校就万事大吉，而殊不知自己的言行举止决定了孩子未来的成就，特别是父母在孩子面前有不尊重老师的言行，甚至动手打人、随意骂人，或者沉迷于某些声色之好而玩物丧志，就会让孩子有样学样，很难养成良好的心性。做父母的要知道，孩子上学读书，知识可能来自老师，但孩子的心性、脾气以及行为反应等，常常来自于父母的熏染。

苏门四学士之一的张耒，他的邻居做饼来卖，邻家的孩子每天五鼓时分，天还没亮，就绕街呼卖，即便大风严寒，也从未歇息。他有感而发，写《示巨诗》教育儿子："业无高卑志当坚，男儿有求安得闲。"告诫孩子世界上没有任何事是可以轻松的，即便小买卖，也需要勤奋努力才能有所成就。现在我们很多家长看孩子学习不努力，常会跟孩子说：要是不好好学习，将来就去打工摆地摊。仿佛学习最辛苦，其实即便打工摆地摊，也要"三更灯火五更鸡"的勤奋，才能做得成功。张耒给孩子的教育是正面的，认为工作无尊卑，只要养成持之以恒的习惯，做任何事都能成功。

启蒙教育是需要长期注入精力和心血的过程，需要父母、老师合力才能实现，因此对于家长而言，要给孩子做表率，以身作则，才能让孩子心性纯正而茁壮成长。

师严教尊

幼童天性活泼，处于蒙昧未知的阶段，这就决定了启蒙教育既不能泯灭孩子的天性，又要给他们以适当的约束。在幼童的教育中，父母给孩子更多的是生活习惯的要求，是基于家庭伦理而形成的亲子关系；老师则引导孩子理解家庭之外的社会关系，社会秩序的要求要比家庭关系的要求高得多，也严格得多。只有严格要求的老师，才能让孩子养成更好地理解和适应社会秩序的行为方式，这便是“严师出高徒”的缘由。

中国文化强调德盛而教尊。《礼记·学记》：“凡学之道，严师为难。师严然后道尊，道尊然后民知敬学。”认为严格要求是教师的职业素养，放任自流是对孩子的不负责任。在这样的认知中，蒙学充分强调老师的严格要求，是启蒙教育成败的关键。元代胡炳文在《纯正蒙求》中说：“蒙学宜择严师，故以师儒之教为先。师虽严，父母溺爱不可也，故父母之教次之。”严师要比虎爸虎妈有效，就在于老师对孩子没有溺爱。师长有经验能够因材施教、见机引导，让孩子在不知不觉中成长。老师的一举一动、一言一行，都是对孩子的示范，成为孩子模仿的榜样。因此，在启蒙教育中，“以师为范”远远超过此后的中学、大学教育。

严师关注孩子的心性养成，是从根本上改变一个人的气质，为未来知识的获取和事业的成就做好铺垫。明代吕得胜在《小儿语》中说："一切言动，都要安详，十差九错，只为慌张。沉静立身，从容说话，不要轻薄，惹人笑骂。先学耐烦，快休使气，性躁心粗，一生不济。"他认为人的心性要从小养成，沉稳、从容、安静、耐烦，是需要十几年甚至几十年来熏染、自律而成。

有时候我们认为传统蒙学教育是让孩子不求甚解地背诵，实际这是对蒙学教育的误读。清代唐彪《父师善诱法》记载了古代启蒙读书的方式："生子至三四岁时，口角清楚，知识稍开，即用小木板方寸许，四方者千块，漆好，朱书《千字文》。每块一字，盛以木匣，令其子每日识十字或三五字。复令其凑集成句读之，或聚或散，或乱或齐，听其玩耍，则识认是真。如资质聪慧者，百日可以识完。再加以《三字经》《千家诗》等书，一年可识一二千字，然后从师入塾。字之识者过半则读之易。且其目之所视，亦知属意在书，而不仰天口诵矣。"认为老师有行之有效的方式让孩子读书，付之以严格要求，很容易在一两年识字，而不是仰天口诵。因此，启蒙阶段也要给学生讲清楚道理，让学生在理解的基础上掌握，而不是简单的熟读成诵，或者少时不解，长大自通。

这样来看，严师，并不是一味严格的老师，而是精通教育规律，能够因材施教、循循善诱，进而从严要求的老师。启蒙教育阶段的教育，是给孩童心中播下一颗颗种子，是为孩子一生的心性打下基础。而严师，则是播下善良种子并督促其生根发芽的园丁，是熏染孩童良好心性并鼓励其茁壮成长的天使。

传统蒙学是中华民族五千年幼儿、小学教育经验的总结，它不仅帮助古代中国的读书人建构起了知识体系和文化观念，而且对于中国人的修身养性、涵养道德提供了诸多学理的阐释和实践的经验。因此，吸取传统蒙学教育理念的精华，通过创造性转化和创新性发展，能够更为全面地提升幼儿、小学教育的有效性和针对性，更好地完成立德树人的教育使命。

教育的起点

人们常说：不要输在起点上。

人们又常说：一个人总是要有些梦想。

什么样的人才能实现梦想？那就是从小自我砥砺、自我约束、自我超越的人，才能不断精进，实现自己的梦想。

在家训系统中，有相当一部分是帝王对子女的严格要求。他们的子女要继承的是江山社稷，因而要比常人有更高的修身要求、更深的心性修炼、更全的思虑决策。

李世民作《帝范》，告诫太子李治如何处理国事，他从君体、建亲、求贤、审官、纳谏、去谗、诫盈、崇俭、赏罚、务农、阅武、崇文十二个方面对如何治国理政进行经验总结，该书成为后世帝王的必读书目。其中，《去谗》中说："砥躬砺行，莫尚于忠言；败德败正，莫逾于谗佞。"鼓励李治要有容许不同意见的雅量，避免谄媚之徒的阿谀奉承，纳谏以养德，远佞以成事。

雍正将康熙生前对自己的教诲，编成了《庭训格言》。其中言及治国理政时如何处理读书与管理的问题时，康熙说："故世之苦读书者，往往遇事有执泥处，而经历世故多者，又每逐事圆融而无定见。此皆一偏之见。朕则谓当读书时，须要体认世务；而应事时，又当据书理而审其事。宜如此，方免二者之弊。”就是要把书上的基本原理和具体的事理相结合，书立规矩，要言之方，而事在周全，要行之圆，二者相辅相成才能成事。

康熙还告诫雍正，自己在批阅奏折时一丝不苟：“故朕于一应本章，见有错字，必行改正；翻译不堪者，亦改削之。当用兵时，一日三四百本章，朕悉亲览无遗。今一日中仅览四五十本而已，览之何难？一切事务，总不可稍有懈慢之心也。”臣下上奏折，谈的都是国家大事，不容丝毫懈怠马虎，国君只有一字一句修改，臣下方才认真而不敢玩忽，久而久之就形成严谨、细致、笃实、认真的行政风气。

家训，作为中华优秀传统教育中最有价值的文本系统，就在于很多读书做官的人在著述、上疏时，可以引经据典地发表宏论，不涉及私人情感，甚至有时说些言不由衷的套话，但在家训、家书中，他们要教育子孙，更多将个人的人生体验、情感寄托和事业得失总结出来，苦口婆心地教育下一代，事无巨细，用心良苦。

纪晓岚、林则徐、曾国藩、梁启超在工作之余，常写家书家信，事无巨细地引导、教育、训诫孩子如何读书做人。家训中的修身养性、出世入仕、治国理政的心得体会，最能看出中华民族骨子里的教养，其中体现出来的规矩意识、道德要求、行为准则、处事法则，已经深深植入中华文化的深处，成为中华民族的精神财富。

天下之本在国，国之本在家，家之本在身。家训是从一个孩子一个孩子的教育入手，通过培养一个个具有道德人格的君子，来实现家庭的梦想，实现家族的重托，实现国家的复兴。教育好一个孩子，就改变一个家庭；教育好几个家庭，就改变一个社区；教育好几个社区，就改变一座城市。如果我们都能认真地对待、负责地教育自己的孩子，与学校教育、社会教育形成合力，让他们更快乐、更幸福、更负责、更完美，成长为有文化、有修养、有品位、有能力、有情怀的下一代，那么，中华民族的伟大复兴不仅有了更为坚实的、更有效率的人才保障，也会有更为强大、更能持久的精神支撑。

孝道培养感恩

春节最大的习俗是什么？是回家看看。看望父母、看望长辈。这中间蕴含着尊老敬长的文化精神，在中华传统文化中用一个基础性的概念“孝”来指代。那么，什么是孝？为什么要围绕“孝”专门作一本《孝经》列为经典传承？我们该如何理解“孝”的现代意义呢？

孝为家风之本。甲骨文里的“孝”字，像一个孩子搀扶着老人的形状，《尔雅·释训》说：“善父母为孝。”中国人将“孝”作为家庭伦理的起点，认为每一个人都是从父母那里获得生命，并在父母的养育之下成长起来，对这种生命和养育的报答，便是人伦道德的基础。儒家学说的入门读物《大学》中说：“为人子止于孝，为人父止于慈。”总结了孝的责任和义务：做孩子时，孝顺是第一美德；做父亲时，慈爱是第一美德。父母慈爱孩子，孩子才会孝顺。为什么中国人以及儒家文化圈把孝道看得如此重要？一是源于中国人的社会认知。在周秦时期的人看来，父母和孩子的关系是天定的，而不是人定的。既然人的生命是父母给的，那么人的全部道德，包括优点缺点，甚至禀赋，一切的一切都源于父母。所以，人要常怀感恩之心，必须竭力报答父母。《诗经·小雅·蓼莪》中感慨父母的养育之恩:“父兮生我,母兮掬我,抚我畜我,长我育我,出入腹我,欲报之德,昊天罔极。”说这德行比天都高,值得终生铭记。

孝道是良好的家风传承。中国很早就进入了农业社会,家庭作为劳动的基本单元,不仅决定了生产的模式,也决定了社会道德的特点。家庭是构成社会的基本单元,要想维持下去,必须树立一套伦理规范来维系家庭观念。家庭稳定了,社会才能稳定。元代陈天祥在《四书辩疑》中认为这是建立家风的基础:“古之明王,教民以孝弟为先。孝弟举,则三纲五常之道通,而国家天下之风正。故其治道相承至于累世数百年不坏,非后世能及也,此可见孝弟功用之大,有子之合,可谓得王道为治之本矣。”从正面阐释孝道在国家政治文化、社会观念、道德伦理建构中的基础性作用。

孝道成为道德自省的基础。需要注意的是,孝并非指对父母、对老人一味顺从。《庄子·天地》中说:“孝子不谀其亲,忠臣不谄其君,臣、子之盛也。”把孝看成一种社会责任,真正的孝子,应该劝善惩恶,长辈做了不好的事,要么就劝他,要么就想办法让他改正。因此真正意义上的孝,不在于奉迎长辈;真正意义上的忠,不在于奉迎国君,而是要按照仁义道德的标准来判断。

孝为立身之基。《孝经》中说:“始于事亲,中于事君,终于立身。”概括孝的心性如何支配人的一生,把孝作为个人心性修为、社会道德建设的基础。

以孝立德,可以修身。《孝经》认为人的身体、人的生命,都来自于父母,头发皮肤都不能毁伤,孝的起始是从身体开始。这里面有两个含义,一是文化意识,身体不属于自己,是父母赐予的。二是社会意识,我们把身体毁伤以后,就无法去侍奉父母。保重自己的身体,不光是为了自己,还是为了家族的事业和家庭的责任。在这种观念下，一个人做事情不光是代表了自己，还代表了一个家庭和一个家族。社会中的每一个人，时刻承担着责任和义务，首先自己要发展起来，然后用自己的德行、自己的成就不辜负前辈或父母的期望。

以孝尊亲，可以齐家。《孝经》上说："非先王之法服不敢服，非先王之法言不敢道，非先王之德行不敢行。"是说各级官员，要做道德楷模，能够做到不是规定的服装不穿，不是规定的言论不谈，不是公认的德行不做，不合法的话不说，不合正道的事情不想，严格按照规范来约束自己。这样，就是纵论天下，也不会有过失的言论，遭人非议；做天下之事，也不会有不当的举措，引人怨恨。

以孝治国，可成大业。居位为政，就是以官治国，靠的是权力与公信力；不居位为政，就是通过德行和见解影响社会。身份不同，孝的标准也不一样：国君之孝，在于孝天下，也就是全心全意治理好国家；诸侯之孝，在于保境安民，为官一任，造福一方；官员之孝，在于敬业，恪尽职守；士人之孝，在于尽职尽责，好好工作；庶人之孝，在于赡养，也就是把自己的父母赡养好。

孝为成就之源。那么，当代社会如何行孝呢？中国古代经典中有非常多的阐释，很值得我们创造性继承和创新性发展。

第一，以爱心敬老。《论语·里仁》说："父母之年，不可不知也。一则以喜，一则以惧。"作为孩子，父母的年龄不能不知道，知道以后有喜有忧。喜的是父母年龄增长，中国人以长寿为幸福，因而高兴。忧是什么？父母每增加一岁，就衰老一岁，与我们在一起的时间就更少了，更要善待父母与长辈。人总有老的时候，未来中国会逐步进入老龄化社会。如何赡养老人，决定了这个社会的文明程度，现在的家庭结构也决定了我们必须社会化养老，只有整个社会形成了敬老风气，我们才能无所畏惧地走向未来。

第二，以诚心赡老。《孟子·万章上》中说："孝子之至，莫大乎尊亲。"尊敬老人，更要靠诚心，要发自内心的真诚。一个人内心真诚，也许在表面上看，并没有什么，但是它却可以感动人。诚心为孝，可以安上。对家庭来讲，老人需要的更多是子女的惦念与关怀。人人都有孝心，老有所乐，老有所养，不仅能够有效稳定家庭结构，而且老人会有效地成为巩固和稳定国家的基础性力量。

第三，以善心养老。父母把孩子生下来，然后把他养大，给他吃、给他穿，这是生养；而父母教育孩子，用礼乐来熏陶他，用诗书来教化他，让他成为对社会有用的人，这是心养。我们赡养老人也是如此，我们对老人的照顾，要能够做到身养与心养并重。让老人做他喜欢做的事情，有事干就会忘掉很多烦恼，心情就会顺畅，有些小病也就可以自愈了。孩子对父母的孝心，不在于给他物质上的满足，而在于给他内心的尊重。

第四，以尊心送老。在中国文化中，常通过丧礼来教育孩子。父母去世以后，必须悲伤。父母用了三年时间养育，我们才能生活自理，现也至少要用三年时间去报答父母，这是一种相互的责任。父母去世了，一个最关心自己的人、最亲爱的人走了，以后只有自己去做了。这就要求在父母去世时，一定要有哀泣之情，这才合乎社会认知。但哀泣之情过度则容易伤身，因此必须有节制，这就需要用"礼"来约束，要化悲痛为力量，把责任继承下来，把事情做得更好。

第三辑

立德与为学

大学的人本

说到以人为本，不由得想起自古以来数不清的民本论。从《尚书·五子之歌》中的“民惟邦本，本固邦宁”，到《管子·牧民》里的“政之所兴，在顺民心；政之所废，在逆民心”。民心的向背成为历代行政者悬在头顶、挂在嘴上的座右铭。古人虽然意识到了以民为本，但却把民作为一个整体，通过无数次编户齐民的方式，把民凝固在一个个乡里组织中，成为家国秩序的组成部分。在这样的体系中，人的个体差异和个性特征被消解得无影无踪。即便在最重视人的培养的儒家学说中，也并未关注到这一点。《大学》开篇讲“大学之道，在明明德，在亲民，在止于至善”，提倡所有的人要不断完善自己，培养自己，提升自己，但却为所有的士人设计了一条共同的道路：修身、齐家、治国、平天下。从正面来讲，这种积极的进取精神和追求完善的修养系统，无疑是一条通向全面发展的坦途，也为古代士人注入了自强不息的刚健和执着。但从反面而言，这恰恰为古代中国的教育埋下一个值得反思的隐患。

那就是，儒家的教育缺少对个体差异的充分关注，越来越多的读书人都义无反顾地走上治国的征途，成为千人一面的儒生。随着文化的普及，当越来越多的读书人，都通过同一条道路来实现自己的梦想时，这条道路越来越像独木桥，不仅狭窄而且湿滑。唐代科举考试，一次录取的进士不过二十名左右，而到了宋代，每次录取的进士多达二三百人，明清时期也平均维持在二百五十人上下。这种扩招，使得进士的就业成了很大的问题，初职越来越低，很有点像当下的大学生。千余年的科举史，考来考去的无非进士、明经两大科，进士以声韵为务，昧于古今之见；明经强记博诵，疏于经世之才。这样选取出来的官员，除了照本宣科，引经据典，便是吟风弄月，诗酒唱和。仿佛《西游记》里那孙行者，慢慢被套上了紧箍之咒，再没有打破传统、张扬个性的勇气，乖乖地沿着西行之路，念那阿弥陀佛去了。只要读读体制内那些诗人的作品，就知道所谓的唱和诗，不过是用来交际的手段；那些应制诗，干脆就是肉麻的奉承和献媚。只有被科举淘汰的人或者退隐之后的人，才不妨峥嵘一下，有几分真性情，如李白、柳永、吴敬梓、蒲松龄、曹雪芹，或如任职之前的高适和退隐之后的辛弃疾。

文学崇尚的是个性，迥异于其他作品的创作，才具有独特的价值，才有流芳的可能。而历史对儒家学说的厚爱，对治道来说，无疑维系了文化传统，使得中国文化之舟稳妥地穿越万重之山。但对中华民族而言，却消解了民众个性发展的动力，使得精英阶层集中于同一个方向，不屑舒展于其他领域。乾嘉时期，文化的精英们陶醉于越来越长的注释出自己手，渴望越编越厚的全书署有大名，青灯黄卷耗去了无数童颜白发，也耗尽了一个民族文化更新的活力。龙椅的倒下，最终为千人一面的培养体制的倒塌，作了最后的殉葬。

真正的人本，不是编户齐民，也不是千人一面，而是直面每一个个体，尊重他的发展，满足他的需求，正视他的个性，尊重他的人格，关注他的情感。而这，说起来容易，做起来却是何等的艰难？东汉袁宏在《后汉纪》中就感慨："经师易遇，人师难遭。"宋末胡三省在给《资治通鉴》作注时说："经师，谓专门名家，教授有师法者。人师，谓谨身修行，足以范俗者。"可见自古以来，能教给学生知识的老师，太多太多；能教会学生方法的老师，少之又少；而教会学生做人的老师，屈指可数；而能行为世范的老师，更是凤毛麟角。

很多时候，我们已经习惯了用背诵和默写作为考核学生的标准，我们已经深谙机读标准答案的便捷，淡漠了厚厚眼镜之后，那一双双被考试消磨得黯然无光的眼神。我们无意之中忽略了：现代大学要培养的，是一个个具有无穷生命活力、崇高道德追求和无尽创新精神的青年才俊，而不是生产线上的标准型号。这或许是为什么大学越办越大，教授越评越多，而教育家越来越少的缘故。

教育家区别于教师，最为根本的一点，在于教育家眼中的学生，永远是一个个具体的个人，因而对他的疑问的回答，不同于其他的同学，比如孔子的因材施教。在教育家眼中的教育，永远是人格的熏陶，而不仅是知识的考核，比如蔡元培所提倡的"教育者，养成人格之事业也"。

因此，对教师而言，我们不仅要教会学生妙手著文章，更要引导他们能够铁肩担道义。对学生而言，要意识到能成就一番事业，不仅在于专业的背景，还在于人的品格、责任、道德和行为，因而读大学的目的，不在于背诵多少知识，而在于真真切切地从历史的经验中汲取养分，来滋养自己，提高自己的修为，保持乐观的心境，从容面对尘世间的纷纭复杂，微笑应对各种挑战，真正成为未来社会建设的骨干和主流文化的引领者。

大学的文化传承

当代大学有一个非常重要的使命，就是文化传承。什么是文化呢？“文”是与“质”相对应的，《论语·雍也》中说：“质胜文则野，文胜质则史，文质彬彬，然后君子。”“文”是人类在发展过程中形成的区别于动物的标识，也就是人的社会属性，在中国文化中称之为人性。人性本善，是孟子学说的立足点，也是尊德性的学理基础。“质”是人尚未脱离动物本能的自然属性，中国文化称之为本性，荀子所言的性恶，在很大程度上是描述本性之恶。儒家认为本性是食、色等生理需求；道家认为本性中有成见、刻意等精神困境；禅宗认为贪、嗔、痴、慢、疑等是本性的体验。从这个角度来说，文化，是对人的本性进行约束，是按照人性对人进行改造。文化可以衡量人离开食、色的程度，文明可以衡量人类离开动物的程度，人文可以衡量人实现人生价值、人类意义的程度。

以一个师范大学的学生为例，具体该怎样做呢？

一是要形成自己的理想情怀。大学读书期间，要形成自己的理想追求。我们常说：生活不只是眼前的苟且，还有诗和远方。远方是自己的理想，诗就是优雅地生活。其实，我们每个人在不同的人生阶段，都会给自己确立一个目标。比如大家拿到大学录取通知书的时候，想的可能是该如何度过大学四年；上第一节课时，注意力也非常集中；入住当天面对宿舍的同学时，也都非常客气，善解人意。但日久天长之后，就会开始松懈，开始忘记初心，在无意识中度过一天又一天，诗情画意渐渐远去，留下的便是疲于应付的一地鸡毛。其中关键的原因，是不知道自己想要什么。如果意识到自己三四年之后便要在省、市重点高中的讲台上面对或许比自己高中时还要优秀的学生时，我们就会多几分紧张，多几分自我要求。如果有做卓越教师的理想追求，我们在大学时便会上好每节课，读好该读的书，就会增强责任感，让每日都不虚度。

有了理想信念，我们就会形成道德自觉、行为自律。在平凡的生活里，我们也可以要求自己首先要做个好人，如果可能的话就做个君子。就中小学老师来说，有人只把它当成一份工作，有人却当成一个事业。当成工作，就要认真上好每一节课；当成事业，那就会关注每一个学生的成长，用教育家的情怀去观察、思考、理解每一个学生的发展。即便只教他们一年，或者三年，也要关注于学生一生的发展、一生的成长，一生的完善。

二是养成必备品格。按照新时代教师的基本要求，提升自己的修为，先养成与教师相符的修养。身要庄重，意要闲定。色要温雅，气要和平。语要简徐，心要光明。量要阔大，志要果毅。思要缜密，事要妥当。在此基础上，提升自己的人生格局，以此来引导学生用更开阔的眼光观察世界。王之涣说："欲穷千里目，更上一层楼。"杜甫说："会当凌绝顶，一览众山小。"站位不同，看到的世界也不一样。我们可能是普通人，但我们希望我们的学生能够成为优秀卓越的人，我们期望下一代能够后来居上，我们交给他们的知识是有限的，但培养学生的格局和眼界却是无限的，小学六年、初中三年、高中三年，如果持之以恒，足以影响孩子们的一生。有了宽大的格局，就会深知自己学识的浅薄，就会努力追求，就会自觉付出，人的一生也就由此开辟了新的境界。这就要我们在大学时，要有推己及人的情怀，要有家国天下的担当，要有与时俱进的勇气，要有包容差异的胸怀。这样才能在做好自己的同时，成为未来孩子们的引路人。

三是养成理性而平和的健康心态。我们在大学期间会遇到各种各样的问题，有的是个人原因造成的愤愤不平，有的是体制原因形成的心灰意冷；参加工作之后，还会有房子、车子、孩子、票子等数不清的烦心事，这就需要我们形成面对困境的勇气，养成理性而平和的心态。人来到这个世界上就是要解决问题的，问题越多，越给我们提供了成长的机会，提供了发展的空间。关键是要养成遇到问题时理性而耐心的习惯，我们当然会有各种各样的情绪波动，有时愤怒，有时失望，有时无奈，有时无助，这是人之常情。但在情绪过后，要首先分析问题的性质，思考前因后果，辨析如何解决。可能有时自己无力去改变，但这样也会让我们把每一次的困境变为成长的机遇，想清楚如果自己有能力去改变时，该怎么去做。即便一生没有机会去改变，也会教给孩子们如何去改变那个困境。有了这样冷静、理性、平和的心态，不受不良情绪左右，我们就会云淡风轻地度过每一天，感受生命中不期而遇的亲切。

四是培养关键能力。关键能力是从事未来工作的最为基本的能力，对教师来说，最为关键的能力便是知识转化能力。我们在大学学习了各种各样语言的、文学的、艺术的知识，做教师最重要的是把自己掌握的知识传授给下一代，这就需要我们能够熟悉知识体系，理解基本概念，掌握基本学理，想清楚就能讲清楚。与此同时，培养自己知识创新的能力。部编语文教材已经投入使用，对学生的学科素养的要求越来越明晰，如何结合新的教材、新的高考改革和新的教育、教学方式对自己的知识体系进行补充，并在此基础上结合学生的特点进行知识系统的重构，是衡量一个教师是否卓越的标志。这就需要我们在大学时养成知识转化和知识创新的能力。在此基础上，培养自己的组织能力和协调能力，能把几个同学、几十个同学组织起来，做好一个班主任；能够把互不隶属的同学协调起来，完成某项活动。从这个意义上来说，大学四年的学习任重道远，自己一生的发展才刚刚开始。

中华优秀传统文化是滋养中华民族的精神力量，是我们从自己先辈身上获得并要代代相传的宝贵财富，其中蕴含的立德树人的要求，为我们的读书、工作提供了有益的指导。我们在读书的时候，要把自己当做人才来塑造，把自己当成未来的卓越教师来要求。将来参加工作，把每一个学生当成人才来培养，把他们当成事业的继承者来关爱。有了这份坚持，有了这份坚守，我们讲的课，我们思考的问题，就能入耳入脑入心；对学生的关爱，对学生的要求，也能够让他们欣然接受。把立德树人的要求落到实处，我们就能更为清晰地知道该如何去做，该如何做得更好。

立德之道

古代中国的教育，是以培养道德人格作为核心要求，所有的读书识字、行为规范都是为了形成健全的人格，而不仅仅是获得了多少知识。

道德人格的形成，是人文理性觉醒的自觉要求。传说在颛顼时期，便实行了绝地天通的宗教改革，由王取代了巫师成为沟通天人的使者，巫祀便失去了控制行政权力的可能。西周立国之后，通过制礼作乐，进一步削弱了宗教方式对百姓的制约，主张通过建立道德人格来约束人的行为，通过形成群体的价值共识来寻求彼此的认同。在选建明德的封国过程中，不断强化君子人格、道德认同的基础性作用，使得天子、诸侯、大夫、士以及庶人通过道德引导、礼乐教化和风俗熏陶，形成了中华民族最为基本的道德认同，确立了德行第一的价值共识，将之作为教育教养、官员选拔、人物评骘的核心要求，一直持续到现在。

司马迁在《史记》的列传中，首立《伯夷叔齐列传》，为什么把他们放在列传之首？他们没有不世的功业，也没有长篇大论的著述，但他们是立德的模范，既不愚忠于殷商，也不苟全于西周，而是按照自己的道德认同，用生命守护了独立不迁的道德人格。《左传》

中言“太上立德，其次立功，其次立言”，便是强调君子人格、道德人格的养成，要比建功立业、著书立说对这个社会的贡献要大得多，因为立德是每个人都能做到的事，立功、立言却不是人人都有机会获得。

由此我们观察中国文学史的一流大家，他们都有很多优秀的文学作品留下来，但支撑这些文学作品的精神力量和道德蕴含，恰恰是这些作家成为一流的关键。屈原独立不迁的人格，陶渊明淡泊明志的坚守，李白不慕权贵的傲岸，杜甫爱国爱民的热忱，苏轼潇洒自如的人生态度，辛弃疾位卑未敢忘忧国的执着，都是中华文明史上的一座座人格的丰碑，为我们提供了足以含英咀华的精神滋养，然后才是他们的优美文笔。孔子说：“有德者必有言，有言者不必有德。”优秀的文学作品、艺术创作，正是以立德作为内在要求的。

《大学》开篇便言：“大学之道，在明明德，在亲民，在止于至善。”把明德作为读书学习的第一条要求。朱熹言小学之后要读四书：“先读《大学》，以定其规模；次读《论语》，以定其根本；次读《孟子》，以观其发越；次读《中庸》，以求古人微妙之处。”《大学》讲的是一个人如何从小我走向大我，是一个人从学生走向社会必须具备的基本的心性修为。

明德是什么含义呢？日月为明，要养成日月一样的德行，今天阳光灿烂，太阳东升西落，明天阴雨霏霏，太阳依然东升西落，月亮不管阴晴圆缺，几百年来几千年来绕着地球运行的轨道是不变的。明德，实际上就是人前人后一样的德行，无论何时，无论何地，都会一如既往、表里如一地去做，这就是明德。我们的小学、中学、大学要培养什么样的人？首先是要培养一个人前人后表里如一的人，这样的人，才能够赢得信赖，才能够托付重任。虚与委蛇、巧言令色，或许能够获得一些现实的利益，但却失去人性中最为宝贵、最为真实、最有价值的德，最终必然因为虚伪而失去真诚的友谊。孔子说："德不孤，必有邻。"既是感慨能坚守道德立场的人越来越少，也是鼓励大家要坚信人是有基本的道德判断的，可能一时孤独，一时无助，但日久见人心，道德是不会缺少并肩而立的朋友。

新民，是每天都在进步，每天都在改变，每天都是一个崭新的自己，有了道德人格作为支撑，有了日新月异的自觉进步、自我要求，我们就会一天天成长，三年、四年之后，就会发现已经在人生境界上不断超越，在面对未知世界的能力上开始游刃有余。

至善，一是要按照德性的要求，让自己随时随地保持善念，以人之为人的根本，去理解、帮助、关爱、尊重他人，乐观其成，善待万物。二是用德行尽最大可能地赢得社会的认同，有了一个人的认同，就会收获一份友谊，会收获一份爱情；有了几个人的认同，就能建立一个团队，成一个事业；有了几百人的认同，就能无往而不胜。

能否获得外部的成功，取决于自己的德性。德性是一种自我要求，如何培养一个有德性的人？《中庸》里讲："君子尊德性而道问学，致广大而尽精微，极高明而道中庸。"《中庸》这本书讲的是一个人如何从平庸走向高明，其中谈了很多做人处事的微妙之理。这句话便有很多微妙之处。

尊德性，就是要守以善性，以仁爱之心、恻隐之心看待万事万物。孔子讲仁，孟子言善，王阳明重良知，都是源自于人性中的善念，要将其发扬光大。尊德性便是要求我们随时随地都要能以善良对待他人，以善念思考天地万物，多些悲悯，多些同情，多些理解。

道问学，就是通过后天修为，读书、学习、反思、改过，减少人的私欲，改良人性中的卑劣，去除心中的龌龊无耻之念，让自己更加明净、开朗、自在、喜悦。立德，说起来好像很宽泛很抽象，其实体现在每日的一言一行之中，体现在一颦一笑之间，读书时就在字里行间，做事时就在举手投足之中。因此，在大学时的立德，就是每时每刻都要以尊德性、道问学两个维度来审视自己的所思所想，鼓励自己多几分道义，少几分算计；多几分担当，少几分自私；多几分博大，少几分狭隘；多几分关爱，少几分憎恨。不知不觉，我们就能体会到“如烟往事俱忘却，心底无私天地宽”的从容淡定。

树人之道

在大学，主要是培养自己的格局。格局就是一个人眼中的世界，我们是斤斤算计于个人的私利，还是能多几分关爱他人、关心单位、关怀社会的责任担当呢？这就体现了一个人的格局的大小。

张载说："为天地立心，为生民立命，为往圣继绝学，为万世开太平。"我们都耳熟能详，但很多人做不到的原因，是我们没有那么大的格局。教师就要有这样的格局，我们可能做不到张载所讲的这么伟大，但我们要坚信我们的学生能够做到。为天地立心，就是让自己能够俯仰天地而不愧疚，也就是说此心可以对日月、此身足以立天地；为生民立命，就是要引导学生承担起自己的历史使命，能够正道直行；为往圣继绝学，就是要把文化传承下去，让中华文化、经典精神、气节操守能够代代相传，不绝如缕，在阴暗冰冷之时保存火种，在云开雾散之后野火春风；为万世开太平，就是要通过自己的阅读、思考、传承，教育培养一批批足以承担历史使命、社会责任的学生去建设好我们的国家，让其长治久安，让其稳定发展。

作为一个担负着教育育人使命的师范生，我们要比其他大学的学生有更高的自我修养的要求。在大学期间，就要以一个卓越教师的标准来观察自己、反思自己、修养自己，脱去庸俗，少些世故，多几分傲岸，多几分正直。因为我们在几年之后，就会成为中学生、小学生观察世界、理解世界、参与世界的行为示范，这就要求我们在读书期间要能够先正己，未来才能在教学时去正人。

《孟子》有句非常有名的话："居天下之广居，立天下之正位，行天下之大道。得志，与民由之；不得志，独行其道。富贵不能淫，贫贱不能移，威武不能屈。此之谓大丈夫。"这可以作为我们修养自我的参考。

这句话讲的"大丈夫"，便是孟子特别推崇的有傲岸精神、正直气质的理想人格。大丈夫的"大"，是要有大的格局、大的担负、大的责任；"居天下之广居"是按照人之为人的根本看待世界；"立天下之正位"是按照人之能群的要求自觉承担义务；"行天下之大道"是按照人之能分的规矩去做事。有了仁、义、礼作为内在要求，这才是人格之大。用仁、义、礼的要求去做事，有可能获得机会，那就带领大家一起做些有意义的事；如果没有机会，那就心平气和地坚守自己的人生修为。在这样的前提下，就能做到"富贵不能淫，贫贱不能移，威武不能屈"，即不会因为个人多得一些奖金而做过分的事，不会因为少了几分利益就改变初心，更不会为了一点威胁或者暗示就立刻点头哈腰。

从这个意义上来说，我们要时刻谨记，培养一个正直诚实、勤奋努力的本科生，要比培养一个心理阴暗、行为龌龊的研究生，对社会的贡献更大。我们都是从平凡中成长，在平庸中前行。看似普通的每一天，看似平常的每个人，其实都是在孕育着伟大，滋养着光荣，凝聚着成功，关键在于我们如何在平凡中卓然自立，在平庸中脱胎换骨。

一是学在修身。读书主要为了修身，有的同学说上学没什么意思，读书更没什么意思，因为读完了书还是那么贫穷。这不能怪读书，应该说书没有读明白。如果苦读了十年书，大学毕业后，还不如没有读过书的人，那原因就在于没有将书读通透。光会死知识，没将其变成我们的修养和见识。

找到一个能教我们的老师很容易，但是找一个能教我们做人的老师太难。尤其是在大学里，古代的大学不仅教知识，更重要的是教品行。不断提高自己的德行，不断消除自己的弊端，每天都是一个日新月异的自己，从而达到理想的修为。所以《大学》列出了格物、致知、诚意、正心、修身、齐家、治国、平天下的学习步骤，都是从小处做起，先学习知识，要自己真诚，也对朋友真诚，不让自己的心走向偏颇。先把自己所管辖的事情治理好，最后才能成就大的事业。这就是大学的宗旨。

其实我们来到大学，不仅要学知识，还要提高自己的才能，最重要是加强自己的修养。修养包括很多，但君子尊德行是第一位的，然后再去谈道问学。如果德行不尊，那么有再多的学问，也没有什么用处。所以，我们不只要提高自己的学问，更要想想自己的德行和修养做没做到。大家要有自己的梦想和理想，但要从细处着手；大家要追求高远，但更要守正，守正才能出新。所以，儒家就认为我们在大学里，一方面要在知识上温故而知新；一方面要在修养上敦厚以崇礼。真正的君子，就是把两端完美地结合起来。

修养不是体现在具体某件事上，而是每时每刻都体现在我们的言谈举止中，使之变成一种行为习惯。通过这个我们能体会到，当我们要成为一个卓越的人，修养在其中起了多大的作用。

二是书在厚识。我们周围的同学脾气、秉性不同，处世方式也形形色色，但都有值得我们学习的地方。孔子讲“三人行，必有我师”，并不是说三个人中，肯定有人是我的老师，而是在同行的三个人当中，一定有值得我们学习的地方，一言可以为一师，一行也可以为一师。我们读书，是来增加自己见识的。“厚德载物”，讲的是修养，“厚积薄发”，讲的是见识。我们不但要博学、审问、慎思、明辨，更要笃行。有些东西可以不学，一旦开始学，就不要轻易放弃；有些东西不问便罢，但是要问，就要问得清清楚楚。有些东西需要思考，想不清楚就不要放弃；有些东西需要自己去辨别，辨不清楚也不要放弃。有些事情自己认为应该做，就要坚持下去。每个人的未来都不同，每个人的发展前景也不同。如果抱着这样的想法，就是别人能做到一步，我能做到十步；别人能用一分努力，我能用千分努力；别人用千分努力，我就用万分努力。

三是人情练达。古人说“君子以步为法”，真正的君子走的每一步路，都可以成为后世的法则。又讲“君子动而世为天下道，行而世为天下法，言而世为天下则”(《中庸》)，就是说，君子完全按照修养来为人做事。

读书期间，首先要读经传以厚根底。大家平时可以翻《论语》《孟子》这些简单的书，这些书能教会我们很多待人接物的道理；其次，要读历史以通事理，读万卷书行万里路，可以开拓自己的眼界。只有看过最贫穷的地方，人才能产生使命感；只有到过最繁华的地方，人才会知道如何发展。不要一味地追求繁华，因为有时候繁华不属于我们；也不要一味地厌弃贫穷和落后，那恰恰是我们实现梦想的起点。正因为社会有问题，才给我们无穷的机遇。“去嗜欲以净胸怀”，就是慢慢把我们心中的一些狭隘想法去掉。

在提高自己修养的时候，我们还要变得练达。所谓练达，就是看问题的时候要看穿。安详为处事之法，做事时要学会安详，不着急，慢慢来；涵容为待人之法，要多包容别人，自己则恬淡一些，不嫉妒别人的成绩，在学校就是好好读书；恬淡为养心之法，要通过自己的学习，养成一个好习惯。一个人，要能自处超然，就是独处的时候非常超脱，能够自得其乐；处人蔼然，就是跟别人交往的时候非常和蔼；无事澄然，就是无事的时候内心非常澄澈；有事斩然，就是遇到事情的时候要能够决断，把事情处理得好。得意的时候，要告诉自己这一切都会过去；失意的时候，更要告诉自己这一切都会过去。得意时要淡然，失意时要泰然。

四是事能洞晓。世上的万事万物非常复杂，人最可怕的就是被蒙蔽了一辈子。孔子讲："知之为知之，不知为不知。"(《论语·为政》)要主动了解这个世界。宋代的张载说得更有哲理，"无不知则无知，有不知则有知。"我们必须把问题精确下来，有些问题往深处思考，就能想得更透彻。如果我们觉得自己无不知，实际上我们很无知。当我们知道自己不知道的时候，才会逐渐增加自己的知识。

怎样才能积累大量的知识呢？刘勰在《文心雕龙》里提了几句话：一是积学以储宝，好好学习就像藏宝藏一样，让我们的才华外溢；二是酌理以富才，让自己不停地思考，形成自己的才识，就越来越卓尔不群；三是研阅以穷照，要多去翻书比较，最后才能得到自己的结论。

《红楼梦》里有一副对联："世事洞明皆学问，人情练达即文章。"我们不要认为大学期间就是学知识，就是考试，就是写文章。有的同学可能还要读研究生、读博士。要知道，我们写文章是服务于这个社会，做学问也是服务于这个社会，要能看得清历史，看得清世事，这样我们的学问才是有源之水，有根之木。

五是内能守中。欧阳修说："君子之修身，内正其心，外正其容。"（《左氏辨》）正其心，就是内心坦坦荡荡；正其容，就是我们常讲的站有站样，坐有坐样。俗语说："有道德者，不可多言。有信义者，必不多言。有才谋者，不必多言。"说话要一言九鼎，不要多说，要知道多言取厌，虚言取薄，轻言取侮。

因此，我们要知道自己想要什么？哪些事能做？哪些事不能做？要有一个人生的边界，也要有一个做人的底线。有了基本的操守、气节和道德要求，就能守住自己的本心。逆境顺境看襟度，临喜临怒看涵养。随时随地涵养心性，做到言能简徐，心能光明，量能阔大，志能坚毅，思能缜密，事能妥当。要有心胸去容学生，当老师很不容易，每个学生都有自己的个性，我们要能理解他们，进而影响他们，这就要养成中正平和的君子人格，将来成为学生的人师。

六是外可担当。通过修炼内心后，要尽量让自己变得有担当感，不仅担当起自己家庭的重任，也能担当起这个时代的重任。要把自己的理想落到实处，否则就是空想。

每个人都有自己的人生规划，都希望自己变成一个什么样的人。有时候，我们觉得自己的理想很远，怎么办？那就要提升自己。明代的吕坤说："做第一等人，干第一等事，说第一等话，抱第一等识。"（《呻吟语》）我希望在座的同学，在未来几年的学习中，能够做第一等人，干第一等事。第一等事可能不是大事，但我们也要做得漂漂亮亮。人的一生，做十件不好的事，都不如把一件事做得干净漂亮。因为有时候，我们的朋友或上级，只会记得我们干得好的那件事。

我们还要做到无愧于父母，无愧于师友，无愧于时代，一生坦坦荡荡。在此基础上，我们才能立业，不负国家，不负人民，不负所学，随时随地担负起家国责任。

为学之道

做学问我觉得最主要的是气象，我非常喜欢袁行霈先生的一段话："学问的气象，就像释迦之讲法，就像霁月之在天，庄严恢宏，清远雅正，不强服人而人自服，无庸标榜而下自成蹊。"就是当我们要进入学术研究的时候，首先要打开一个局面，明白学术研究要预流。

一流的学者和二流的学者、三流的学者如何区分？一流的学者是开辟一个时代，比如说像王国维、陈寅恪，无论从研究的领域还是研究的方法，他们都往前开辟了一个时代。二流的学者，是在前人的研究领域上推进、推深、推高了一步。三流的学者就是所谓的填补空白。因为这些空白之所以存在，并不是我们眼光独到，很多时候是因为这些空白无须填补，如果文科研究总想着填补空白，说明我们在做研究的时候还是想别出心裁。

做学问有两种，一种是正取，一种是逆取。所谓正取就是从常见的书中发现别人不常见的东西。那么逆取，就是用别人看不到的材料去研究。这两个没有高低贵贱之分，但是我们要想自己应该走哪一种？我们是否掌握有别人占有的材料，如果没有的话，那就好好去研究别人常读的这些书。因而我们在确定博士、硕士论文题目时，一定要找个富矿，让我们辛辛苦苦钻进去，很值得挖。不会让我们钻进去以后打个井又出来了。我们做学问也是如此。毕业以后，一个就是自己原先研究的领域是否能够持续再研究，如果自己研究得烦了或者说这个领域差不多了，就要迅速找到另外一个研究领域。用做博士论文的那种态度，再去钻研三年，这样的话，一个新的研究领域就拓展开来，作为一个新的起点。

研究学问和做科研，我们要养成一个习惯，脑子里要总是有一些问题意识，总是在不断地思考。所以别人就问王力先生说，王先生我们整天那么多会，那么多应酬，哪有时间去思考问题呢？他说我都是在开会的时候在想。我们的会常常一开一天半天，他就在自己的脑子里想，我这个论文应该怎么写，第一点写什么，第二点写什么，甚至他说有时候他都把它在脑子里写出来，然后回去再用笔去写。那么这个前提是什么？是我们脑海里得有东西，我们现在好多青年学者，文献都在电脑里，一离开电脑，自己脑子里一片空白，所以要尽快改变这样一个局面。如果这样的话，我们做学问离不开电脑，离不开检索，或者说离不开不停地粘贴，离不开期刊网里边别人的观点，自己脑子里边没有对基本知识的一个了解，没有对基本框架的一些掌握，我们很难随时随地进入到研究的状态中。

做学问、做人都是一生的事，做教授、做博导就是十几年二十几年的事，所以我们要想清楚我们要做什么。我们参加工作时，总想赶紧把职称的问题解决了，这是一时的，可以用三年时间、五年时间。但有一些东西它是需要一生积淀的，比如说我们做学问也不可能是给单位做的，或者是给哪个领导做的，那是给自己做的。要把这一时之事和一世之业区别开来。跟着时髦走，学问永远沉淀不下来。如果大家现在去看一些论文，可能这个时间内流行这一种，再过一年又流行那一种。比如说这两年，流行的都是研究方法的思考的思考，这个很好发，或者说研究某一个问题，一写就发。但如果我们总是跟着这个跑，最后自己就变成一个游击队员，没有根据地，站不住，也成不了大气候。

学问要有淑世情怀，就是我们要关注现实。参加工作之后有的老师要申报项目，国家社科项目或教育部项目，很多是有社会指向的。这无可厚非，恰恰告诉我们自己的学问研究一定要与社会的发展结合起来，离开了社会的学问，实际上就是死学问，书斋里的学问是长不大的。

学问要有建设指向。年轻人有时候有一种激愤之词，爱发牢骚。但我们作为一个时代的学者，作为一个时代的研究者，对这个时代问题的解决，一定要是一种建设的态度。所谓建设的态度，就是我们要从正面，要从变得更好这样一个角度去理解。我们可以学鲁迅那样去批评，但是现在这个时代更适合于建设，毕竟破而不立的那个时代过去了，我们现在需要去立。我们社会中有很多问题，别人可以骂，但是学者不能骂，学者就是要来解决这些问题的。比如说农民工问题也好，比如说贪污腐败也好，比如说这个社会没有诚信也好，人没有精神追求也好，甚至我们所说的文坛一塌糊涂也好，甚至作家没有骨气也好，这些问题都是需要解决的。为什么我们不去想办法解决它？我们可以写文章来解决这些问题，这就需要我们有参与的意识，我们参与进去之后，这些问题就能慢慢解决。要想把自己的学术研究好，那么我们就在现在的这个学术环境中，争取做学术的主流，进入到这个学术发展的方向中，而不是逆流而上。

学问要有交流意识。“独学而无友，则孤陋而寡闻”。同事在一起可以多谈学问，越是专业领域内接近的，甚至研究同一个问题的两个人，在不同的辩论中，越能够提高。参加工作以后，要迅速从博士论文中跳出来，从写书的习惯中跳出来。现在我每年审博士论文，博士论文经常都是从起点开始说，说一个人的时候，就是这个人在哪里出生，哪一年，先做一个介绍。然后再接下去写，面面俱到，问题意识不足而领域意识很强。我们要抱着研究问题的态度，按照解决问题的思路去写。首先想这个问题有没有人写过，写过了就不要去写，或者说别人写过了，哪些地方没写到，我再去写。这个只有在交流之中，在同行之中，在同一个学科之中，甚至是年龄差不多的人的碰撞之中，才能够提升自己。

学问要有学术眼光。学术眼光，就是一个眼界的问题。要培养什么样的眼光呢？

一是纵通与横通。所谓的纵通就是我们研究一个现象，要把这个现象的历史发展脉络了解清楚，比如说它从中国古代的时候到现在，它在整个这条线索中的作用是什么，它何以会成为这样一个特质，这说的是古代的研究。那么横通呢，是在这一个点上，就像我们做函数曲线上那个坐标点上，同时代的人中，他何以具有这样的特点。那么在社会学科中也是如此。这个现象为何在这个国家发生，这个思潮为何在这个国家发生，它相邻的或者说文化习惯、文化氛围相似的地方为何没有产生。通过比较的方法，在共时和历时的发展中找到一个切入点，这需要我们在研究中不断提升自己的立意，不断拓展自己的视野，只有如此，我们才能够为自己的学术找到一个定位，才有可能让自己的研究更有针对性。

二是博采与精见。我们知道学问有两种，学者也有两种，一种是狐狸型的学者，一种是刺猬型的学者。狐狸型的学者兴趣非常多，经常一个点一个点地去走；还有一种刺猬型的学者，就是一个领域钻进去。这两种学者，是根据自己的才性不同而有所选择。如果我们是那种见识非常多，观点特别多，而且总有出人意表的想法，那我们可以去博采，在不同的点上去做。如果我们是比较扎实的，做时观点不多，靠深挖和长时间的积累才能够形成高度的，那我们就要去做精见。学问的入门有两种，做出来的是不一样的。《中国近三百年来学术史》一下写三百年，《柳如是别传》可能就围绕一个人写，但两者没有高下之分。研究的方式，要看自己是怎么样的性情？但是这两者之间有必然的联系，如果要想精见，精见得深，那我们就要能够博采。我们做学问的高度就像我们在家堆石子，底座越大，往上面堆得就越高。青年学者要从博士论文里跳出来，不是说我们的博士论文不好，而是博士论文写出来四平八稳是给别人看的，而我们真正意义上的研究却是要自立体系，另成新说。

三是深入与浅出。读书一定要趴下去去读，但是表达一定要直起腰来去表达。有的青年学者总是在想着学某一个名家，或者某一个人的口吻去写。我们要意识到这个问题，学会养成自己的表达，而且要能够说得明白。我们研究的问题有的可能非常深，但是我们要能够用非常专业的学术规范语言去把它表达出来，也要能用非常浅显的语言，写给普通的老百姓读。这里边就是把做学问和做老师结合起来，我们专业的学术论文可能写得非常专业，可能给行内最高层面的人看。但是我们给学生讲的时候，要用最简单的话来说。包括我们有时候写文章，如果自己想不明白，就在那里倒圈，倒半天，实际上让有经验的学者，一句话就给概括了，语言精练得就像老吏断狱一样，一下子抓住问题的根本。读博士的时候，或者刚写论文的时候常常是这样子，用语言的深刻来显示自己思想的深刻，实际上语言的外表并没有多少东西，思想也没有多少东西，但是故意绕来绕去让别人不明白，实际上正是我们自己没想清楚。真正意义上的名家，我们看看流传下来的书，都是浅显易懂的，没有故弄玄虚。如果写出的文章让外行人说我们是行业黑话，让内行人看的我们什么都没有，那就是误入歧途，做研究一定要谨记。

为师之道

老师去培养学生，那么到底培养学生什么？或者是说自己怎样去培养学生呢？我当年刚参加工作的时候，我的博士生导师就说我们要对学生真的好，学生才会觉得我们好。什么意思呢？如果我们是真实地对待自己的学生，希望他发展起来，希望他完善起来，不管我们是宽还是严，学生都能体会到我们的苦心。老师跟学生的交流，不是演戏，也不是尘俗之间的那种交往，而应该是在道德层面和学问层面的一种共鸣。尤其是我们在做学生的时候，我们跟老师的正面交流，老师常常是用德来看；那么我们在培养学生的时候，也要从这方面去要求。我在读硕士时，读博士时，老师都要求学生交两篇论文，一篇是学术的论文，一篇是德行的论文。一个大学的传承，其实在两个方面，一个是学脉，一个是文脉。

孔子被称为万世师表，在于他给人的感觉是，“望之俨然，即之也温，听其言也厉”。“望之俨然”说明这个人非常庄重、庄严，这是做老师的一个基本的素养。所以我们做学生的时候可以随便穿一件衣服，随便趿拉着一个拖鞋就去教室，但是一旦将来自己做老师的时候，自己的言谈举止、行为，甚至自己的着装都要注意。“即之也温”是和蔼，是对学生的态度。“听其言也厉”就是我们所说的要求非常严格。《论语》里说孔子"温而厉，威而不猛，恭而安"，我们如果要想做一个老师的话，这不妨可以作为一种参照。

在任何时候，德行要比学问更重要。我们将来会去带研究生、带博士生，要想培养出一些好的人，就要严格要求自己。对于一个老师来讲，怎么来做呢？

一是敬业观念。既然选择了教师这个职业，就把教育当成自己终身的事业。可能未来还有选择，或者说可能未来还有机会，但是我们一定要把眼前的事情做好。那么怎么敬业呢？我觉得就是要用心，只有我们心里面真的对学生好，他们才能体会到。我们自己对待每一节课，都要认认真真地去准备，这样我们才能够把课讲好。知识像一个圈一样，当我们把这个圈画上的时候，这个圈内就是我们掌握的知识，圈外是未知的领域。这个圈越小，它的周长越小，未知的领域就越少，那么圈越大的时候，它未知的领域就越大。随着学问的积累，我们会发现自己不懂的东西越来越多。写博士论文的时候发现，越写问题越多，每一个问题仔细去研究的话，会发现这里边有很多东西没有谈清楚。备课也好，做科研也好，如果我们用心的话，会发现很多小问题。

用心去读书，是研究的起点。我们仔细去读书，用心去体会，会发现此前学过的很多知识或者说读过的很多文章，里面有很多东西值得反思。在不经意间去发现问题，在不经意间去解决问题，这需要靠自己沉下心来去研究，靠自己细心去体会文本之间的一些含义，去思考。我们要学会反思：自己是不是在应付。如果我们所有的事情去应付，考试应付，听课应付，写论文应付，那久而久之就养成了一种习惯，我们就会变得急功近利，任何东西都不去认真研究。今天有一点想法就去写，明天有一点想法就去写，久而久之，自己就跟着社会风气在跑。我们要意识到：在一个浮躁的社会中，如果我们能去坚持，安心十年去做研究，十年之后我们自然就会水落石出，自然能够看到学术研究的天高地迥，而不再是局促和无奈。任何的肥皂泡总有破灭的时候，所有的喧嚣最终都会归于沉寂，只有安心去做事情，才能够把自己的学术做好，才能把课上好。我非常欣赏《庄子》的“天地之大，万物之多，而惟吾蜩翼之知”。我们年轻的时候，每个人都会面临选择，甚至确定自己的学术方向，我们也在面临选择。今天可能会有个邀请，或者明天有个邀请，怎么办，要能够取舍。我曾经听一个朋友讲，说我这几年什么事儿都没干，全是全国开会了。为什么？今天这个邀请开个学术会，明天那个开个年会，有的学术研讨会和自己的研究领域干脆就没有关系，就是去凑热闹，赶篇论文。久而久之，我们就被引诱着去走，有所为有所不为才能有为。

二是专业精神。每个学者将来都会在某一个学科领域内发展，那么在这个学科领域内会有很多的规则、规范，还有一些学科领域内要掌握的必然的常识，所以我们有时候就需要不断地去投入精力。在任何一个专业领域内，有的知识是基础知识，有的知识可能是难点、重点和热点。刚刚参加工作时，有时备课太想出奇，就会给学生讲很多他这个层面不应该接触的东西。在备课时，对本科生一般要讲一些基础的知识，指导他们读一些基础的书。那么对研究生，自然就要读一些更深更专业的书。现在我们有的本科生不读基础的书，读的多是一些研究著作。在别人写的书的表面不断地游走，今天谁谁谁怎么说，明天谁谁谁怎么说，后天谁谁谁怎么说，看似很懂，其实没有进到这个研究的领域，原因是不知道别人说得对不对，自然没有自己的看法。我们读硕士、博士，要不停地考核，不停地去写论文，为了毕业，我们要发论文，要写文章，自己在某一个领域内钻得很深。那么我们做老师，一定要从某个艰深的领域内跳出来，重新审视自己的知识结构，进行一些补课。拿文学院的课来讲，古代文学，我们可能就需要讲古代文学史，从先秦讲到魏晋南北朝，或者从唐朝讲到宋朝，或者从元朝讲到清朝，这是一个很大的领域，我们要讲一学期。但可能我们研究的就是一个领域，甚至就是一个作家或一个文学现象，一个文学思潮，这时我们就要迅速地从自己的深井里爬出来，能够看到这个地面上的山山水水。而不是碰到自己感兴趣的事，一讲就是半个学期，或者一讲就是十几节课，碰上自己不清楚的，语焉不详地就跳过去了，这不符合我们所说的专业的要求。

曾国藩曾经对他的家人说，一个人要想成大事业，一是规模远大，二是综理密微，两者缺一不可。如果只有眼光，只有自己的理想，好高骛远，活在未来，最后常常是一事无成。如果一个人只是综理密微，光是盯着自己的一点东西去研究的话，不了解，别说相关学科了，就是本学科内，相关专业的研究知识都不知道，也成不了好的学者或者说是成不了好的老师。博士毕业，或者说是参加工作的那一天起，给我们又提供了一个学习、发展或者说是逼着自己不得不学习、不得不发展的一个新的空间。因为我们站在讲台上讲，如果我们讲完了学生听不清楚，那么不能怨学生听不清楚，怨我们没讲清楚。因为我们的学术训练，有时候会不自觉地用“行业黑话”，这能够给本专业的几个人讲清楚，但其他的人都听不懂，这样做学问可以，做老师不行。老师要能够把一个道理翻来覆去地给学生讲，而且能讲清楚，这才是真正意义上的好老师。

三是授业意识。韩愈所说的“传道、授业、解惑”，传道就是教给学生道理，授业就是培养学生的能力，让学生毕业以后能够真正掌握一种本领。我们教本科生，让本科生对我们讲课的内容有所了解，对我们研究的这个领域有所了解。解惑当然是解除人生的疑惑，这是我对它一个更广泛的解释，我们注释上可以讲这个解惑可能是解除学术上的疑惑。我觉得真正的老师是不仅能够教给学生知识，教给学生将来谋生的本领，或者是将来从事本职业的本领，还要能够让他在大学期间解除人生的疑惑。做老师，不光要让学生学到知识，还要让学生对人生有一个正面的了解。当学生放弃理想的时候，或者当人放弃未来的时候，很难管理或者说就是无法管理。因此我们做老师时，要把这一点想清楚，我们辛辛苦苦培养的学生将来能干什么，如果我们培养的学生毕业以后就失业，毕业以后就进入到人生很困顿的状态，这是学校的悲哀，也是我们做老师的失职。我们一定要帮助学生解决这些问题，至少要在大学四年中，帮助学生把这些问题解决好。

要想解决好这个问题，言教、身教、境教，三者缺一不可。所谓言教就是我们告诉他怎么做，所谓身教就是我们怎么做，所谓境教就是我们塑造一个什么样的环境。比如说我们做辅导员，或者做老师，我们在自己的圈子内，或者在自己的课堂上，能营造一个什么样的环境，让学生跟着我们一块学习。只有把这个氛围树立起来，我们的课堂上才会充满激情，学生才愿意去听，我们讲课的效果才特别好。再过十年、二十年以后，他回过头来，回忆学习生涯的时候，他能记住我们是一个好老师，还能记住我们的名字，这已经是对我们的肯定。所以我们做老师就要做一个永远能让学生记住的老师，而且永远是让学生正面肯定记住的老师。做老师是一种很神圣的事业，因为我们不光教学生知识，更重要的是充实他们的灵魂。

从这个角度来讲，我们要把奖掖和规矩放在一起。奖掖是一定要善于发现学生的优点，去肯定他，要鼓励他，但是同时我们也要树立一个规矩意识。现在的80后90后学生，在他们成长的环境中，奖掖过多，而规矩较少。比如做学问、读书、上课、待人接物，我们有意识无意识地去教他们，教他们之前自己要想明白，慢慢大家就能够一块成长。有的人说，一流的老师能培养二流的学生，二流的老师却能培养一流的学生。这话可以这样理解，自认为自己是一流的老师，他只能教出二流的学生，原因是当他认为自己是最优秀的时候，实际上他会封闭学生，他会给学生一个框，让学生照着去做，所以培养的学生都不如他。那么如果自己非常谦虚，我们所说的不断在拓展的老师，总是感觉自己没有完成，学业没有完成，或者自己的事业没有完成的老师，他就会抱着谦虚的态度，他会跟学生一块去研究或者说去讨论，或者他认为是个问题的问题交给学生去做，而不是把认为不是问题的问题交给学生去做。

学术为天下之公器，也是天下之利器。我们全国各地的学者都在研究这个问题，我们能想到的，别人也能想到，与其那样，自己完成不了还不如交给学生去做，或者帮助自己指导的本科生去做。而不是把自己的一个想法藏起来，藏起来三年以后，五年以后，已经不是想法了。现在我们知道全国的学者有多少，大家不停地都在写作论文，哪一个疑点都会被别人想到，有多少人皓首穷经，有多少人搜肠刮肚地找题目。我觉得我们很幸运，因为我们在座的朋友或者在座的老师跟我一样，我们都是好的一流的老师教出来的。我们希望通过自己的努力培养出一流的学生，这样的话，我们既是一流老师的学生，我们将来更成为一流学生的老师。

学者的品格

一个学者，怎样实现从一个学生向一个老师的转变？做学生和做老师有很大的区别，需要我们尽快实现角色的转变。我想要意识到两点：第一，当学生的时候是可以犯错误的，比如说我们的一篇文章写得不好，某一个结论有了错误，或者说在某一个地方有一些做错的事情，处置不当。但是做了老师以后，我们每一件事情都要为自己负责。不管我们是做辅导员还是去做一名教师，我们的很多话，在学生看来代表的不光是知识，也代表了我们对学问和对人生的理解。因此我们做老师的时候，我们的每一句话，每思考一个问题甚至给学生每讲解一个概念都不允许像以前那样滑过去，或者是应付过去。第二，做学生的时候，我们坐在下面听课，可以去挑剔老师，老师讲错了，讲得不对甚至在老师讲课的时候自己可以发呆、走神甚至旷课。但是变成老师之后，我们就变成了被挑剔者，每天我们走到讲台上的时候，下面有几十双甚至上百双眼睛盯着我们，我们的每一个发音，每一个计算甚至每一个论点，我们的学生都会去认真地审视，哪怕隐约的一个错误。既然做了老师，从报到的那一天起，学生在见我们或者我们在走进讲堂的时候，我们的身份就变了，我们要尽快适应这个转变，把自己从一个优秀的博士生或者是优秀的毕业生转化为一个优秀的老师。那么怎么转化呢?

人的发展是有三个层面组成的:一是知识。我们从小学到中学再到现在,知识在不断地累加,不断地增多,知识可以让我们变成一个合格的毕业生。那么有了知识之后呢?第二个层面就是能力。这既包括由知识积累而来的创新能力,比如说我们掌握了历史、文学或者说社会学、自然科学的知识,落实到我们的研究就是写论文,做科研。还包括组织能力、协调能力以及处理各种突发事件的能力,如教育学上的教育机智,组织行为学上的团结与合作。有了能力,就能由合格毕业生变成一个优秀的工作者。而优秀转为卓越,则需要修养。这个修养是什么呢?我们读了很多书,了解了很多国际、国内自然科学和社会科学的知识,那么我们在做这些事情的时候,研究这些问题之外,我们自己是否发生了气质上的改变?大学教育的一个重要功能,就是提高学生的修养。刚入校的学生都很羞涩,农村来的,城市来的,大城市来的,小城市来的,基本上一眼就能看出来。但是到毕业的时候,学生之间的差别就变小了,由丑小鸭变成了白天鹅,由懵懂少年变成了青年才俊。

这三年五年是否发生转变,转变的程度如何?在于自己是否能够一边读书,一边逐渐提高自己的待人接物、胸怀、格局、境界。具体地讲,我想一个青年学者要想发展,要做好以下几个方面:

第一,要确立格局,格局要宽广。老子说“以身观身,以家观家,以乡观乡,以国观国,以天下观天下”。修养在很大程度上决定我们的发展,比如说我们去做一个研究,我们常常认为自己研究的这个领域是最重要的,而忽视对相关领域的关注。钱钟书在他的

《围城》里面就写，什么系看不起什么系，什么系看不起什么系。实际上隔行如隔山，不同的学科有自己的研究对象，有自己的研究方法，也有自己的研究思路。我们不应该厚此薄彼。有时候我们在博士阶段或者说在读书阶段，老是感觉我思考的这个问题，我这个学科很重要，甚至我研究的对象很重要。现在在学术界经常可以看到，哪怕研究一个很微观的东西，有人也把它写到宏观的层面上，用来显示他的研究有价值。久而久之，我们就形成了一个观念，就是以我为尊。我们去听一次课，或者听一个报告，对方讲了十句话，有九句话说错了，一句话说对了，其实记住这一句就可以了。只有这样不停地去记住别人说对的东西，那么我们的知识才能够不断增加。学术上的任何一个问题，从不同的学科角度看进去，得出的结论是不一样的，我们尽量去吸收相关的研究成果，尽量向不同的学科学习，尽量与相邻学科的人有所交流。不同的学科对同一个问题的看法，不同的学科对同一个问题的解决，虽然说不能够改变我们对本学科的理解，但至少可以增加我们对相关学科的认识。我们这里面有来自社会学的、法学的、文史哲还有一些来自经济和商业的等等相关学科的朋友，一块参与对一些社会问题的讨论。久而久之，我们就会发现我们解决问题的思路，甚至我们写文章的思路、眼光就会与众不同。但是我们在做研究的时候，大家都知道有三种对待对象的方法，一种是仰视，一种是俯视，一种是平视。如果我们对研究的对象，抱着一种仰视的态度去看的话，实际上我们这个研究不可能在历史上，或者说是不可能在这个学科内达到一个很高的高度。那么我们至少要选择一个领域，以自己的修养和自己人生的境界，能跟我们研究的对象大致要平起。

我们研究顾炎武，如果我们不能够做顾炎武的朋友。我们研究陶渊明，如果不能够做陶渊明的知己。研究李白和杜甫，或者研究西方的哲学家，如果我们不能够和他心领神会，我们对他的文章的理解和解读，微妙的地方是体会不到的，充其量只是盲人摸象般地写些读后感。从这个角度来讲，我们要想提高自己研究的水平和层次的话，一定要跟自己的研究对象保持着一种相当层面的共鸣。用一句现在流行的话讲，就是思路决定出路，态度决定高度，格局决定结局。就是思考问题时的思路，最后决定了我们的出路。对待学问或者说是对待做老师的态度，也决定了我们发展的高度。我们思考问题的立意，也决定了我们最后解决问题的方法。

第二，要开阔胸襟。如果说修养决定了我们研究的起点，胸襟则决定了我们发展的高度。中国古人有句话说，大丈夫当容人而不当被人所容。什么意思呢？就是说我们青年人在参加工作的时候，有时候遇到的很多事情我们是看不惯的，甚至有时候遇到的很多事情自己心里边很气愤、很不服、很委屈。觉得这个事情不应该这样处理。遇到这种事怎么办？意气是激情、是动力，而忍耐则可以厚积淀、厚根底，用挫折或者委屈去拓展心胸、去开阔胸襟。大贤能容小贤，智者能容愚者，宽博能容浅薄，学问精深能容学问驳杂。对我们年轻人来讲，在一个单位里面，最重要的要做到胸襟博大，落实到实处就是做到四容：

一要容人之长。这个容人之长看着好像很简单，但是很难做到。领导有三种，一种是领导比自己优秀的人，第二种是领导跟自己差不多的人，第三种是领导不如自己的人。我们知道第三种领导不如自己的人，肯定成功不了。楚霸王项羽，不能成功，在于胸襟不够。领导跟自己差不多的人，袁绍、袁术，遇事大家见解差不多，谁也不能决断，甲说什么这样，乙这么说，丙那样说，作为一个领导，到底听谁的，决断不了。能够成就事业的刘邦和朱元璋，都是能够容忍比自己强的人，这是一种胸襟。年轻的时候，有时候看到跟自己一起入学的，或者一块毕业的，甚至跟自己品行差不多的，或者说是将来跟自己有竞争关系的人，做了些比自己强的事情，有时候会有一种无名之火上来，争强好胜。看到别人长处的时候，我们常常会有一种不服输的心理，作为学生可以，如果作为一个老师，就要慢慢地养成雅量，要学会去赞美别人。其实每一个人都有一个非常有用的秘密武器，我们不常用，那就是善于发现别人的长处，并去赞美它，发自内心地去赞美。久而久之，我们就能够和很多人交往，能够团结一批人，这是容人之长。这一点如果能做到的话，我们能够把别人的长处变成自己的优点，把自己的短处和别人的长处相比，来做到闻过则喜，那么就能够提升自己。

二要容人之短。其实仔细一看，我们周边的学者包括一些德高望重的老先生也好，甚至我们周围的一些领导也好，可能有这样和那样的不足，我们要学着去原谅，可能自己在那个位置上不一定比他做得好，或者当时此情此景下，我们没有理解。每一个人都有缺点，我们意识到别人缺点的时候，见不贤而自省就是反省自己不要去做，不要再犯这样的错误。想想他犯了这样一个拙劣的错误被我看到，那么我犯这样一个拙劣的错误，岂不是会被更多的人看到。参加工作以后和当学生的时候有一个最大的区别，就是当学生的时候老师还批评我们，做得不足的地方甚至论文有问题，老师就指出来。那么当了老师以后慢慢地老师就不说了。现在这个社会找表扬容易，找批评太难了，我们尽量要不断弥补自己的短板。

三要容人之误。有时候别人可能会对我们有误解。当我们的层面足够高的时候，那么别人对我们的误解可能就越多。因为我们知道咱们常说的一句话，以小人之心度君子之腹。这个小人并不是一个道德不好的人，他可能格局比我们小。在我们看来，是应该做的事，但在他看来，可能觉得我们做的事情是阴谋。可能我们主动帮单位做了一些事情，主动承担了很多责任，那么单位里面按照考核就可能给我们很高的积分，或者相应我们的报酬就高。他可能不理解，我们报酬高是我们干得多，他看到的可能是我们挣的钱多。有人可能对我们就有这样的误解，要对自己说没关系。没关系，就是自己静心去做自己的事情。其实我们看才开始的时候大家都差不多，时间一长，做人和做事大家都在看，都在品，其实都是在为自己做，坚持正道直行，就能实现人生的正循环。

四要容人之怨。正确对待抱怨，咱们大家都当过学生，现在刚刚当老师，我们都知道，有些课我们就不想去听，甚至旷课，甚至当老师讲了几句，我们签个到，或者点个名就走了。参加工作后一旦要上课，我们也要面临着这个问题，怎么办？我们面对别人抱怨的时候，要不断地反省自己，是不是自己真的做错了；如果自己没有做错，那就坚持我们的原则；如果真的做错了，那我们就好好地去反省。

这四点是我们在刚成长的时候最需要注意的。我们要学着让自己的心胸博大起来。毕竟不管是做学问也好，读书也好，包括自己的人生发展也好，自己要对自己负责，胸襟博大才能气象万千。胸襟博大最主要是要保持心态平和。青年人刚参加工作，压力非常大，有的要结婚，要生孩子，还有家庭的一堆事情，工资又不是很高，而且还有各种各样的考核和评职称的压力，怎么来面对这些事情？我觉得心态平和是最重要的。因为人的一生其实发展、结果都是一样的，只是过程不同。再过20年，我们在座的几乎都是师大的教授了，不过是有的人早走几步，有的人晚走几步，与其临河羡鱼，不如退而结网。我们有时候做事时，把过程把握好，结果自然就有了。所以我们常讲，一个人不在于做什么，关键是怎么做。我们知道了怎么去做事，怎么去做人的时候，慢慢地就会成长起来。

我们现在要养成一种习惯，要意识到有时候发展不在于做什么，而在于不做什么。只有少做事，才能做大事。学问这个东西，也是一种精气神，它是需要养的，养了很长时间之后，然后找到一个突破口，一下子就进入了。人的欲望多了，心胸就狭窄，总想不停地拿到什么东西的时候，我们就会被别人牵着走。欲望少的时候，人心就宽。欲望一多，我们就会非常忙，欲望少了，能够静下来，我们就会非常清闲。做学问是一个非常奢侈的事情，需要虚静才能有兴会标举。欲望多了，心术容易不正，什么东西都想得到的时候，就会不择手段。欲望少的时候就会平和。心事也是，多了就忧，总是忧思忧惧，少了就能够体验到快乐。人的心气也是如此，做学问要有一种“不以物喜，不以己悲”的态度，看到同事取得了好的成果，要替他高兴。看到同学比自己的职务升迁得快，要由衷地高兴。因为他可能早走一步，我们要坚信自己的步伐和节奏，做学问的路就像长跑一样，我们总是有时节奏快一点有时节奏慢一些，所以我觉得把心态放平和会更好一些。

第三，要心态积极。所谓积极，就是一方面我们看社会也好，看单位也好，或者看自己小的教研室也好，尽量要看到积极的一面。就像晴天一样，当太阳最好，阳光最充足的时候，阴影也最多。

我们进到这个行业，进到这个单位之后，可能有很多的不适，甚至遇到的人和事有很多的不顺利，有时候一种无名的怒火就会起来，慢慢要让自己的心态平和下去。毕竟人生还是自己的，学者为己而非为人。因此，抱着这样一种从容的心态去研究，去思考问题，我们就能够走到正道上。刚参加工作的时候面临的诱惑多，就要坚持自己的理想或者梦想。有时候总会有各种各样的朋友告诉我们，跟我去做一个什么什么吧，然后把我们自己该走的路或者想得很好的问题，甚至坚持了三年和五年研究的一个课题就放弃了，还是要坚持。

要有合作的态度。刚参加工作，我们可能是资历最浅的，怎么与别人进行合作，显得尤为重要。比如说在课的分配上，刚开始我们教的肯定都是边缘课，慢慢才能会教主干课；刚开始的时候可能不会得到承认，慢慢才能得到承认。每个人都是从最低的地方开始做起，教一些最边缘的选修课，甚至刚开始教这些选修课的时候，学生都不一定去选，这个时候不要觉得自己怀才不遇。这就需要去跟人合作、配合、协调。

要有谦虚的耐心。做医生和做老师，这两个行业是做不了假的。做医生，一副药开下去，三天五天以后能不能见效，马上就验证出来了；做老师，我们到讲台上一讲，学生马上就能知道这个老师的学问有多深，思考问题的思路和视角是怎么样的。一个老师要想得到单位同事的承认，或者得到单位里面资历比较深的教授的承认，恐怕也是要抱着很谦虚的态度，从头做起，从最基础的事情一点一点去做。要从低的地方开始入手，要从零开始。以前可能我们研究过这个领域，那么每一节课都要好好准备，至少在课前要想一想课案，大到自己的知识提纲，小到一个结论、一个细节，哪怕引证的一条材料都要去思考。即便是这个课我们很熟，也要尽量把这个问题想得清楚一点，只有这样不断地积累，用一年或者两年的时间，把我们能够上的课准备得很好，往精益求精的地步发展，我们才能够真正把讲台站住了。

知识、能力与修养

对于许多刚步入大学校园的同学来说，大家到大学来是干什么的？一般的回答都是，到大学继续读书。那么，作为读了十几年书的学生，读书的目的是什么？有的同学说，要文凭。这是最基本、恐怕也是最现实的想法。但这并不是最终目的。说到这里，我想起在我读博士的开学典礼上，田余庆先生引用罗大经《鹤林玉露》中的说法告诫我们，说大学就是“带发头陀寺，无官御史台”。大家知道，头陀是带发修行的和尚，御史是专门弹劾人的官职。“带发头陀寺”是说大家在大学里要像头陀在寺庙里一样修行；“无官御史台”则是说自己没有官职，但却要像御史一样有批判精神。讲的是什么意思？大学实际是修身养性的地方。大学毕业后，大家将从一个懵懂的大学生，变成踏入工作岗位、肩负国家建设职责、实现自己理想的栋梁之才。因此，在这四年中，学得怎么样？想得怎么样？待人接物如何？这些做好基本可以为其后的一生做好铺垫。所以，我们不但要像和尚那样修行，还要一边读书，一边关注天下大事，培养把知识变成能力、进而变成修养的习惯。

什么叫知识？《大学》里称为“格物致知”。“格物”是第一步，我们通过高考，进入了大学，或者说通过每学期、每学年，乃至最后的毕业考试，拿到了毕业证，掌握了基本的学科知识，其实这也是人生的第一步。接下来是“致知”，有了知识，我们变成了合格的毕业生。有的同学说，我的理想很远大，不想单纯当一名合格的毕业生，因为合格的毕业生参加工作以后，无非就是一个合格的员工，或者合格的教师。我要努力做到优秀这一步，而这就需要我们的能力。这样的能力，大致可以分为几个方面：

一是将知识转化为创新的能力。学习了写作课，是否就能写出优秀的文章？学习了高等数学，是否就能举一反三，利用定律解答习题？学习了有机化学，是否就能依据书本上所列，来解释生活中的疑难现象？知识是死的，只有转变成创新能力，才说明我们是个优秀的毕业生。

二是将知识转化为组织的能力。这是成为管理者所必备的一种条件，尤其是作为将进入教师行业的同学，怎么能有效组织课堂，无疑是相当重要的。

三是将知识转化为协调的能力。随着素质教育的普及，各行各业都需要组织各种活动，比如学校里组织运动会，或者是各种各样的课外小组，能不能把一些同学组织起来，这就需要协调能力。

四是将知识转化为沟通的能力。其实，我们完全可以把学校当成一个磨炼未来职场、铺就未来发展的平台。如果都没有办法和同学处得好关系，将来到了工作单位，怎么和同事处好关系？当然，这里的“好”指的是处理的得体，妥帖，而不是谄媚或者人云亦云，当个老好人。

我们在大学里不只要学知识，还要锻炼能力。在上大学之前，每位同学所处的环境不同、个性不同、价值观不同，对待世界的看法也不同，遇到问题的解决方法更不同，那么怎样才能让自己尽快成长？这就需要我们全方位锻炼自己的能力，进而变成内在的修养。

有了能力，可以成为一个优秀的人；进而有了修养，才可以成为一个卓越的人。举例来说，有的人非常有知识，甚至非常有学识，但却只能做一个普通老师，连年级长都做不了，为什么？太恃才傲物，难以和别人沟通。或许有的人能和别人沟通，但他的格局、视野只局限于一个年级长或班主任上，就会进入瓶颈状态，很难再提升。因为到了此种境地，需要的是在能力层面之上的修养。

修养取决于我们的胸怀。我们还拿教师行业举例：一个优秀的老师，是绝不会因为个人的观点，而过分亲近某个学生，或者有意疏远某个学生。每个学生都有各自的优点和缺点，要想和他们良好地沟通，就必须有广阔的心胸，能够包容他们的缺点，认识到他们的优点。这就是内在的修养。

进一步说，修养还取决于我们怎么把知识变成见识和才识。只有有了过人的见识，通透的才识，才又向修养走近了一步。大家知道，作为社会中的一个个体，我们不可能用自己的直接经验决定历史的发展，因为那样每个人都要从零开始。我们接触到的多是间接经验，也就是从书本中学到的知识。我们都是通过这些知识来认识社会的。但在这个过程中，如果能认识到社会中存在的弊端，从而有所触发，慢慢将知识转变为自己的见识、才识，才称得上有修养。

所谓见识，它是和人生境界紧密相联的。对于同样的人生思考，有的人看眼下，有的人看将来。就像下象棋一样，有的人看一步，有的人看两步，有的人看三步。人生漫长，机遇常常留给有准备的人；而若是随着浮躁风气游走，最后毁掉的一定是自己。我们要将目光放远大，不要停滞眼前，更不要斤斤计较于小的得失。

所谓才识，是通过自己的心性修为，对知识的升华。才识和才华是有区别的：才华是人的特质，它会让我们在众人之中崭露头角，但只有才识方能把才华落到实处。可以说，才识是才华和见识的叠加。有的同学能写写诗词，和很多人谈论问题时卓尔不群，这是才华；但有的时候，更需要我们把才华转化为缜密的思考、独到的见识，变成对历史的新的解释方式，或者变成一种人生理念落到实处，这就是才识。才华不能变为才识的人，是很容易流为浅薄的。因此，我们身在大学里，无论是本科生还是研究生，周围比我们水平高的人不在少数，要学会多和自己水平差不多的人辩论，多听高水平的老师给我们做的报告，开阔眼界，增加见识。这样看问题能看到根上，能把骨子里的东西挖出来，有一己之见，而不流于表面。

提到修养，我们不妨借用儒家，特别是《论语》里的观点来讨论。儒家将世上的人分为几种：一种是圣人，能够了解天地运行的大道，了解世间发展的规律，了解社会变动的趋势，坚守立场，坚守正道。一种是贤人，能够遵照圣人的教诲，勇往直前。还有一种是庶人，就是普通的人。古往今来的圣人很少，我们只能心向往之；但贤人的境界，是我们要竭力追寻的，这需要不断提升自己的修养，先做好一个心中有着大格局的君子。

在儒家看来，一个人的社会地位再高、财富再多，如没有足够的修养和品行，也根本称不上是君子。真正的君子，贫穷的时候能够安贫乐道，富贵的时候能够为国为民。以利他、安他、乐他作为处世的准则，即便在日常的言谈举止间，也让人觉得很舒服、很安心、很快乐。这不仅表现在自己的生活交际中，对于一个教师而言，对自己的学生也应如此。中学老师和大学老师不一样。大学老师讲一晚上的课，学生可能只记住一两句；但中学老师，有时候一句话就可能改变孩子一生的命运。尤其是有的学生条件比较差，学习不太好，我们对他微笑，给他鼓励，甚至我们上课时对他不经意的表扬，也会彻底改变他对学习的态度。所以，为什么师范教育大多是公费，因为政府要引导好的学生去读师范类高校，将最优秀的人才吸引到师范生里面，再让他们去撒播教育的种子。只有让修养和德行在五湖四海形成燎原之势，我们的国民才能真正改变过来。

有时候我们总在抱怨为什么好的机会总是别人的？答案只有一个：别人比我们准备得更充分。其实，领导、老师、同学总在给予我们机会，但或许是自己懒惰，或许是自己在应付，从没想过这件事如何才能做得完美，如何才能做得妥善，只是按照表面要求在做事。机会其实就在身边，自己一次次不珍惜，敷衍应付，虚与委蛇，机会就会越来越少。

有时候当我们发现自己身边的朋友越来越少时，或者托我们办事的人越来越少时，我们就要反思自己是不是做错了或者说错了什么。认真思考一下：自己应该做好却应付的事情有多少？自己答应却没有做好的事情有多少？有些任务自己是否想得更周全一些？对于自己的领导和老师，是否发自真心地尊重？如果答案是否定的，要么改正，做一个全新的自己。要么自知己短，就不要抱怨。因为一个人之所以成为我们的领导和老师，肯定能看得出来我们的心思，至少他们比我们更有阅历，更好地把握过机会，那就要向他认真学习，虚心学习。

要想有大成就，必要有大胸怀、大眼光，不要投机取巧，不要自作聪明，不要不守信用，不要去占小便宜，不要自以为是，不要斤斤计较。这些小的心思，是影响个人成就事业的最大障碍，可以轻而易举地毁掉一个人，无论他多么有德行，多么有才华。

到更高层面的事业，需要大格局的人，目光宽远，思路开阔。因此，成为一个优秀的人，靠的是德行、勤奋和才能，成为一个卓越的人，则必须格局宽大、细节周密。

读书在于变化气质

张载在《经学理窟》中说："为学大益，在自能变化气质；不尔卒无所发明，不得见圣人之奥。故学者先须变化气质；变化气质，与虚心相表里。"就是说，我们读书做学问的目的，是要经世致用，讲求知行合一，修养自己、提升自己作为读书的主要意图。养心莫善寡欲，至乐无如读书。读书本是一件很快乐的事情，有那么多先贤伴我们左右，有那么睿智的言论不绝于耳，有那么细腻的情感可以品味，有那么超脱的想象供我们遐思，如沉浸其中，可以与贤人高士为友，可以与英雄名臣为伍，越关山，走沧海，无边大漠，有情流水，完全可以忘却尘俗的琐屑，让心灵获得暂时的栖息。

读书的目的不是为了增加很多知识。有部门统计，现在每天产生的网页量，需要一个人三百年才能看完，而且每页不超过 10 秒。在知识面前，我们不过是沧海一粟，因此，我们要有选择地读书。读书的目的，首先要明取舍，就是该追求什么，要放弃什么，那就是要总结前人的经验，明白自己何去何从；要明白人性的高下，从容面对社会现实；要知道什么最为珍贵，学会珍惜与放弃。见贤思齐，见不贤而自省，格物致知，正心诚意，用温文尔雅的君子之风约束自己，用睿智果断的将帅之气锤炼自己。只有这样，才能达到

"腹有诗书气自华，人若无求品自高"的境界。

读大学、读研究生，最重要的是修炼自己。不是为了一纸文凭，不是仅为了成绩记录册上那几乎满分的成绩，而是为了让自己成熟起来，干练起来，睿智起来，稳重起来，减少私欲，增加友善，开阔心胸，锤炼意志。要明白经济出自学问，经济方有本源；心性见之事功，心性方为圆满。不断内外兼修，经世致用，有那么多的师长、同学为伴，可以学到多少自己从未听闻的知识，可以见到多少此前没有见过的奇人、奇事、奇迹，虽然我们接触的不全是这个社会的精华，但大学同学，绝对是未来社会建设的骨干。与他们交往相处，逐渐体悟性分三品，人有九流，增加自己的鉴别能力和处事能力。宽厚之人，师以养量；缜密之人，师以炼识；慈惠之人，师以御下；明通之人，师以生慧；质朴之人，师以藏拙；才智之人，师以应变；缄默之人，师以存神。这样，与贤者、善者为友，可以育浩气，养心性，做到气象高旷，心思缜密，趣味冲淡，操守严明。与高者、智者为伍，可以长见识，明成败，做到接人和中有介，处事精中有果，认理要正中有道。

我总怀念读大学、研究生的时光，有那么好的同学、老师相处，不仅切磋学问，还不断修身。读书期间，不仅长身体、长知识，更是长见识、长德行的时期。未来发展得怎样，全看自己在大学读书期间所培养的兴趣，所养成的习惯，所交往的朋友。毕竟在大学之前，生活习惯来自父母，所学知识来自课本。只有到了大学阶段，才是真正意义上的素质教育。如果说高中阶段分出了学习的高下和智力的高下，那么到大学才分出了见识的高下和能力的高下。因此，读大学期间，正是培养自己品行、能力的关键时期。《大学》说："大学之道，在明明德，在亲民，在止于至善。"这一阶段，是修身、齐家、治国、平天下的起步阶段，是自己未来事业的基础性铺垫。可以说，一个人能否担当未来的家国责任，在大学，至晚在研究生阶段就已经初步形成。这样的话，就可以想象自己未来要做什么样的人，要成什么样的事，那么就要明白现在自己应该怎么做，应该怎么学。

人成千万，性格不同。成就大事业、勇于大担当者，深沉厚重是第一等资质，磊落雄豪是第二等资质，聪明才辩是第三等资质。因此大学期间，要逐渐做到清明以养神，湛一以养虑，沈警以养识，刚大以养志，果断以养才，凝重以养气，宽善以养量，严棱以养操。要是能这样不断锤炼自我，不知不觉在读书之余，就会发现自己的朋友已经换了一茬，而他人对我们的评价也变了许多。每天、每年都能如此，等大学毕业时，我们会发现，其实，在我们面前，不是千军万马拥挤的独木桥，而是青天般开阔的大路，很宽很长……

学习·发展·合作·包容·开放

从小我到大我

一个人的成长，一是心态的成长，二是心性的成熟。心态的成长是心性成熟的基础，就像有无数花开花落是春天的样子，无时无刻的感性的心态成长才能凝结为心性的成长。因此，一个人的成熟，是能够管理好自己的心态，健全自己的心性，从容面对生活中不期而遇的困难、艰难和灾难，冷静而客观地面对问题，耐烦而理性地解决问题。

成长心态，是一个人从小我走向大我必不可少的心智成长过程。人的成长，并不是年龄增大，也不是年级升高，更不是自己的学历增加了多少，而是要承担越来越多的责任，承担越来越多的义务。《大学》中讲一个人如何从小我走向大我，有三句有名的话："大学之道，在明明德，在亲民，在止于至善。"是说一个人要成长起来，就要形成表里如一的品德，进而赢得他人的信任；要不断改变自己，形成良好的心性修为，才能不断获得进步；并能按照社会群体的要求，遵循价值共识，以之来约束自己的行为，获得最大程度的认同。

那么具体怎么才能从小我走向大我呢？《大学》列出来了八个

步骤。前四个步骤是格物、致知、诚意、正心，是说要想成就梦想，就先要让自己成长为一个可以实现梦想的人，具备成就梦想最为基本的心性修为：能够明白人情、物理，能够形成自己独立的思考，能够真实面对自己的不足，能够公平、公正地面对客观世界。后四个步骤是修身、齐家、治国、平天下，就是把自己心性修为的结果应用到个人修养、家庭管理、事业发展与成就伟业之中。

从小我到大我，是要求我们随时随地都要抱着不抛弃、不放弃的态度，随着年龄的增加、职务的提升和权力的增大，仍能让自己的心性修为、做事方式和价值取向不断成长。少年读书，如隙中窥月；中年读书，如庭中望月；老年读书，如台上玩月。不同阶段有不同阶段的成长和发展，这样才能提升境界、拓展格局，与时俱进，不为时代所淘汰。

无论何时何地，我们要按照成长的要求去涵养心性，调整心态，让自己能够在焦虑中平静，在无助中成长，在无聊中充实，在灾难中成熟。每一天有每一天的成长，每一刻有每一刻的收获。

从未知到有知

学习，是一个人从未知到有知的过程。在中华文化里，一个人从未知到已知，叫做“学”；从已知到成行，叫做“习”。《论语》开篇言：“学而时习之，不亦说乎？”其中的学，是把不知道的知识理解了、掌握了；“习”是将学会的东西用于个人成长，用于外部事功。“学而时习之”本身，就蕴涵着知行合一的要求。

在《中庸》里，把学习的过程概括得更详细，言之为博学、审问、慎思、明辨、笃行，是一个人从懵懂少年走向睿智成年必不可少的过程。其中的博学，是广泛学习，一个人不要把自己变成知识的一部分，而要把知识变成自己的一部分。现代社会的分工越来越细，做好每一项工作都需要对相邻的知识有所了解。而且在工作中，我们随时随地都会遇到存在的问题，这就要去分析问题何在，这便是审问的过程。审问的结果是要对问题的前因后果有一个全面的认知，其如何产生、为何产生、如何解决的思考，便是慎思。解决问题的方法很多，选择最优方案去解决便需要明辨。这四个过程是知的过程，也是一个人理性思考的过程，然后将做出的判断、结论和决策坚持去做，便是笃行。

一个人之所以能够成长起来，靠的是辛苦付出。别人需要做一次，自己可能需要做一百次；别人需要做十次，自己可能需要做上千次。只要付出百倍的努力，通过博学、审问、慎思、明辨、笃行的学习过程，就能够不断超越自我，就能够有勇气面对未知的世界，能够有毅力面对未确定的挑战。

中华文化认为，最平庸的人是困而不学的人，遇到难处还不愿意去学习，这也是不可教之人；平常的人，是遇到困难才知道去学习，通过学习解决问题；而优秀的人是主动学习去获取知识、自觉成长；最卓越的人是生而知之的圣人。孔子也说自己是通过学习而获得的知识。看来我们只有随时随地学习，才能让自己获得更多面对未来世界的本领。

颜元曾说，学习之事绝对不是嘴上说说、口里念念，最重要的是入心、入行，否则的话，所学的只是知识，而不是本领。王阳明主张用所作所为来衡量或者检验所思所学："知者行之始，行者知之成。真知即所以为行，不行不足谓之知。"如果掌握了一大堆知识，而没有把这些知识落实到个人的修为上，落实到待人接物上，落实到日常的工作中，那只是录音机、打印机，而不是真正意义上的学习。

我们要养成学习的心态，无论何时何地，都要对未知的事物多几分关注，多几分好奇，把事情想清楚想明白。比如在当前这个特殊的时刻，在面对疫情时，我们要多去学习生理的、病理的、药物的一些知识，在社会实践中增加自己面对自然灾害的本领，对自己进行一个生物的、生理的、药物的科普，让自己能够更为深刻地理解疾病、理解瘟疫、理解生命，甚至理解面对突如其来的灾害时的社会管理、国家治理的机制，并由此观察社会舆论、大众心态、群体认知的形态，把已知的知识综合起来，把未知的领域探索一下，抱着学习的心态，我们就能够在一次次的困境中不断成长，把每一堑都作为自己成长的阶梯。

从平庸到高明

发展是一个人从平庸走向高明的过程。我们在少年时都是普通人，随着年龄的增长，大家就开始出现差别：有的人把自然世界、社会运行的规律想得很明白，可以做学者、做科学家；有的人把人情事理想得很明白，就可以去管理社会、管理企业；而有的人一生都在懵懵懂懂地往前走，这是因为他没有用发展的眼光来看这个世界，也没有用发展的眼光来看自己，人已经进入到了 21 世纪，思想还停留在 20 世纪。

发展的关键，是要能洞察人的心性和期望，与大家一起不断走向更美好的未来。如何去做呢？中国古代有一个十六字的管理心法，出自《尚书・大禹谟》："人心惟危，道心惟微；惟精惟一，允执厥中。"是说每一个人的心中都有各种各样的欲念，用以满足个人需求，欲念会让人产生争夺之心，争夺之心对他人来讲是危险的。在这种情况下要团结他人，就需要寻求一个道，作为人心的最大公约数，既能满足个人的基本需求，又能形成一个群体共识。有了这个共识就能够建立起认同、形成秩序，这个微妙的动态平衡，要时时保持“允执厥中”，即能够把大家的所思所想约束起来，同时又满足他们的基本需求，在这样一个微妙的地方用力，便能实现彼此的合作，进而建立基本的信任。

这个道心，在很大程度上体现了价值共识，也就是维持社会秩序得以建立的道德认同。孟子认为人性是善的，每一个人的心中都天然存在有恻隐之心、羞恶之心、辞让之心、是非之心。恻隐之心是每一个人心里边的善念。羞恶之心是人对社会风俗和社会舆论的认同，当人的行为与群体共识存在冲突，便会产生害羞或者厌恶的心理。辞让之心是对待某些事务、某些社会关系保持必要的尊重或者婉拒。是非之心是每一个人都会评判事情的是非曲直。恻隐、羞恶、辞让、是非等心产生了仁、义、礼、智，从而作为人之为人、人之能群、人之能分、人之能断的标准，成为中华文化的最为基本的价值共识，保证了人能够按照人类的基本伦理得以发展。

因此，个人的发展也好，社会的发展也好，人类的发展也好，是以价值共识为基础，以群体认同为根本，而不是个人急功近利地实现自我的私欲。这就要求我们能够更多地体察身边朋友的喜怒哀乐，体谅他们的生离死别，多几分关爱，多几分体贴，多几分理解，多几分道义，这样才能够把自己的发展与社会的发展结合起来。

就个人的发展而言，丰子恺曾经说过：“不乱于心，不困于情，不畏将来，不念过往”，就是知道自己要什么，不要经常为自己的情绪所左右，既不活在幻想中，也不活在过去的辉煌之中。不会因为自己过去的辉煌而沾沾自喜，也不会因为未来的不定而手足无措。在看似无望的等待中，也能始终积极、乐观、从容地面对身边的人、眼前的事，从容而自如地度过每一天，善始善终地做好每件事。

从狭隘到博大

合作是一个人从狭隘走向博大的过程。所谓狭隘就是关心个人的利益。一个人关心个人的利益没有错，但我们生活在一个合作的社会，需要群体协作，这就需要在关心自己利益的基础上，能最大可能地去关心他人，去关注社会，在与别人的合作中做事。

每个人看世界的眼光都是不同的，有的人看到的是社会中阳光的、积极的、充满正能量的一面，有的人看到社会中阴暗的、卑劣的、丑陋的一面。用什么样的眼光看待社会，决定于人的格局。

格局体现了一个人面对世界的眼光，有格局的人常常能尽最大可能地从公众的立场、大家的利益的角度来考虑如何做事，如何成事。格局小的人，常常是用自己的私欲来考量要不要做、如何去做。孔子所言的"君子喻于义，小人喻于利"，便是言有大格局的人，常常想到的是历史责任、群体要求；小格局的人，常常想的是如何获得更多的好处。因此，中华文化认为，君子居下位则多怨，居上位则多誉；小人居下位则多誉，居上位则多怨。其差别在于格局大的人想得更多的是如何利他，格局小的人想的是如何利己。

因此，中国古代的教育，非常注重培养人的格局："会当凌绝顶，一览众山小""欲穷千里目，更上一层楼""仰望绝顶上，悠悠白云还"等，便是通过登山、登楼远眺四方，培养人的眼界，提升人的格局，让人能够视野开拓，而不局限于个人的私利之中。

不可否认，在现实生活中，我们都会有很多的不满、委屈甚至愤恨，但在情绪化之后，更要冷静思考如何解决这些问题，是否有更好的方案？站着说、旁边看好像很容易找到解决办法，要是入局之后或者亲身去做，便能体会到站着、看着与做着是完全不同的体验。因此，我们在发现问题、思考问题时，要着力想怎么能够把一件事情看明白、想清楚、做妥当，这就需要培养更宽大的格局，才能承担更伟大的事业。

有了开阔的格局，少了自私的狭隘，我们就能与任何人合作，无论是读书，还是做事，都能时时刻刻为更多的人负责，这才是真正意义上的事业。

中国人把“太上立德，其次立功，其次立言”称为三不朽。立德是按照社会群体的要求，按照价值共识的标准，不仅把自己的事情做好，更要让自己的心性修为不断完善，为这个世界的更美好贡献心智。立功是要抱着对社会负责、对全人类负责的态度，为人类的发展做出杰出的贡献。立言，是把自己的所思所想，总结下来，表述出来，成为公共经验或者社会共识，有时虽不能改变自己的命运，也要能穿越历史的灰暗，烛照未来。

从昏昧到光明

包容是要容忍、接受、理解各种不同，其能让我们从昏昧到光明。在日常生活中，我们跟很多人相处的时候，有时候感受到对方的善意，有时候感受到对方的恶意，有时候心里面会去盘算他是怎么想的，而有时候又非常大度地发现，人家并没有这么想。在这个过程中，我们如何面对和自己想法不同、行为不同的人，这就要提高我们的境界。

从日常做事的角度来说，人分三种境界：用手做事、用脑做事、用心做事。用手做事，就是要求什么就做成什么，只动手不入脑，推推动动，拨拨转转，没有自觉，靠的是督促，久而久之便养成应付的习惯。用脑做事，是把这件事情想清楚，先做什么后做什么，形成一个非常可执行的策略，分清孰是孰非，知道何去何从，有了理性的思考。用心做事是全心全意地去做一件事，有热情，有毅力，有坚持，有梦想。在日常生活中用手做事只能做一般的员工，用脑做事就可以做中层的管理者，只有用心做事才能做出一番大事业。

人生的境界也分为四个层面。最低的境界是欲求境界，就是生活的全部目的是为了满足自己食与色的需求，做事的目的要让自己生活得更好。在此之上更好的境界是知识境界，是在吃饱喝足之后能自觉探寻知识、探索未知世界，并能从中获得乐趣。再往上便是道德境界，把对社会有贡献、让周围的人生活得更好，作为自己的追求，多一点善心，多一点规矩，多一点是非感，更愿意去做有意义的事，而不斤斤计较个人的得失。最高的境界是审美境界，它是建立在欲求境界、知识境界和道德境界之上的人生境界，是人能用审美的眼光来看待人类社会，看待自然世界，能够让自己的生活充满诗情画意。人类历史有很多诗人、艺术家能够把自己活成了一首诗，活成了一首歌，活成一幅画，就在于能在审美的境界观察万事万物，他们的喜怒哀乐表达出来就是艺术品。

人的境界不同，就会产生千差万别的想法，就会对一件事产生各种各样的理解。我们在工作中，有时候会感慨有的人怎么那么懒，那么应付；有的人怎么那么急功近利，那么勾心斗角；如果我们能从人生境界上来思考，就能理解，人的境界不同，对待世界的态度完全不一样。站在不同的境界，就无法理解本来是善意的提醒，甚至会把有些善意的提醒当成恶意的诋毁，这就需要我们用包容的心态来看待世上纷纭复杂的人和事，不必强求，不必苛求，不必求全，不必责备。

其实，我们的成长，是不断提升自己的境界，能够包容那些眼光短浅的人，包容那些急功近利的人，去实事求是地理解他们的缺点和优点，才能人尽其才地与其进行合作。特别是在面对不同的杂音、不同的说法、不同的看法时，我们就能明辨是非，知道为何有人会那么想，有人会那么做，理解所有的看法，尊重最负责任的选择，让自己能够看清真相，洞察事物的本质。

从短浅到恒远

开放心态，能让人从短浅走向恒远。一个人的目光短浅，看到的只是与自己有关的事、有利的事。目光恒远，才能看到世界上一成不变的事，才能看清未来走向何方，让自己少走弯路。开放心态，就是少一些成见，对所有的未知事物抱着几分尊重、理解和关爱，这样就能让自己做起事来持之以恒，具有执行力。

世上的万事万物都有开始，但能坚持到最后的很少。《诗经》有“靡不有初，鲜克有终”的说法，佛经里也讲“不忘初心，方得始终”，我们在开始做事之初，常常有很好的计划、很伟大的想法、很高明的思路，试图把这些事情做好。但是在发展的过程中我们才会发现，世上的很多事并没有办法去完成，便开始削减计划、改变想法、调整思路，结果发现原本的设计是西瓜，结果却草草收场，以绿豆应付了事。

中华文化是以结果为导向的，《大学》中讲：“物有本末，事有终始，知所先后，则近道矣。”是说任何事情有了结果，它才有开始；没有结果的事情，它本来就没有开始。我们以结果为导向，才能够把事情做成。这就需要我们对计划抱着一种开放的心态，既不要故步自封，也不要偷梁换柱，乐观、积极地面对所有未知之人，未知之事，实事求是地去做，时刻保持着对未来的敬畏，才能计划好；抱着对未来的期待，就能执行好。

我们可以用守于道、恒于德、持于志、成于行来要求自我，坚守正道，坚持德行，坚信志向。在做人上，要坚持李白所说的“为草当作兰，为木当作松”的信念，不断提高自己的心性修为；在做事上，要坚持杜甫所说的“种竹交加翠，栽桃烂漫红”的努力，不断提升自己的能力品行。以开放的心态面对所有的新生事物，面对日益成长起来的更高的群体诉求和社会需求，与时俱进，与时俱化，一步一步往前走，就能进入更开阔、更通达、更高远的境地。

先天的禀赋，或许决定我们在起点有些力不从心，但在长跑过程中的坚持德行、坚守信念和改变策略，就会让我们不断调整，人生便能随时加速。在人生的终点，不是看起点的与众不同，看的是长跑过程中大家的各自付出。人生不是一场百米赛，而是一场马拉松，我们只有坚守、坚持、勇敢前行，才能在终点的时候站到众人之前，不负自己的付出，不负自己的努力！

第四辑

诗心与诗意

物我双观

王国维将中国诗歌分为“有我之境”和“无我之境”，诗歌文本表层“我”的存在与否，只是不同的表达视角而已。从创作者的角度而言，一切景语皆情语，一切情语皆景语。

即便作者不写自己的情感，也是选取了最适合自己情感表达的物象来铺陈，把情感幻化到具体的物象之中，托物言志，以物喻己。即便把自己过滤得干干净净的王维禅诗，也是他寂不动情的表现，但无情也是情，仍有一个淡漠的“我”出入于物象之中。

陶渊明的田园诗，白居易晚年的闲适诗，苏轼的田园词，也是通过剪裁物象，过滤情思而达到审美的境界。无痕之我，无动之我，无我之我，恰恰是“我”真性情、真心态的写照。

就永恒而言，我即是物；从须臾而言，物即是我。时光的流逝和景物的变迁，皆有规律可循。却因为我的存在，那景致才有了感情的张力，才有了转瞬而异的独特，才有了引人深思的情调，才有了可被品鉴的趣味，此所谓一切景语皆情语。

风景的优美与否，易于品鉴，却因为个人心境的不同而有巨大差异。同一个人，在坚冰般冷漠的背后，也会有着火热的情思；在推杯换盏的热闹之中，也不免泛起心酸与委屈。情与景，就像太极图那样，阴阳互根，彼此融容。

当我们用纯净的心去观察自然，风景便展现出无限秀美的一面。即便崎岖泥泞，也能精神爽快。倘若换了无聊的心情，好山好水也会是一览无余的单调无聊。

风景如此，人生也是如此，为何不让阳光普照我们，何必要在阴影中躲藏？

宇宙便是吾心

意境是以空间感来涵容作者的意趣和情思，在一个自足的语境中津津乐道；意象是把意趣与情思聚焦在某一物象之上，使其独特，让其卓绝，成为某种情感或情绪的凝结。境阔、调高是意境建构的内在要求。新鲜、独特是意象形成的关键。

要想做到这一点，诗人必须把自己的情感与天地风雨相激荡，与古往今来人类的共同情感、思理相沟通，才能酝酿出开合自如的诗境。

宇宙便是吾心，吾心便是宇宙。诗歌的美，不是漫无目的的叙说或者抱怨，更不是摒弃情感只取物象的零度写作，而是用心去感知宇宙，用宇宙去涵容自我。诗的空间，就在这一张一弛、一纵一横、一开一合中被拓展。取境能阔，成调方高；取象新鲜，意趣独特。洞察古今，便可格致古意。

《二十四诗品》中的高古，便是"调高""格古"的合称。何为格古？魏晋人在宇宙中写诗，唐朝人在山川中写诗，宋朝人在书本中写诗，明清人在市井中写诗。读魏晋诗需要能俯仰天地，读唐诗要能家国天下，读宋诗要富有才学，读明清诗要通几分人情。后世所羡慕的高古，便是尘火气少，尘俗气绝，而能以宇宙之阔大察人生之窘迫，弃尽渣滓，而能使己身与宇宙相依偎。

调高，要求诗歌要能贯穿人类共通的情理，拨响历史千古共鸣的琴弦，不是一味地絮叨个体的感觉，而是把个人体验与家国命运、社会兴衰、宇宙生息相沟通。

以小我见大我，一叶知秋，一斑窥豹，取法乎大，落笔乎小，方寸之间，见宇宙精神，是为诗歌大境界。

动与静

诗歌空间感的塑造，无非动与静。

静，是寂对神明的瞬间禅定，是体察万古不变的永恒。动，是对静止的暂时打破，是波澜不惊中的风云变色。千里暮云平，空山不见人，独钓寒江雪，都是对静止景观的体察。

在静止中，刹那便是永恒。在变动中，风起云涌也是刹那。

有时我们面对表盘，秒针的摆动似乎停止，在于这一刻我们心如止水。静云垂穆，孤云去闲。云的空寂，正是瞬间的静止，陶渊明所说的“停云”，是寂观，是玄览，只有内心空寂，才能看出刹那间的永恒，才能看出永恒中的刹那。

一旦起风，复杂的云终究要散开，被送向远方。当云随风离开时，留给这个世界的，留在我们眼前心中的，仍是一如既往的蓝天。就像记忆一样，既没有打开，也没有收束，一直到最后空老去。

所有静止停息的东西终会舞动，所有舞动的东西都会最终停息，这是自然的规律，也是生命的真谛。

我们所能做的，最好是陶渊明言的“纵浪大化中，不喜亦不惧”。

隐与秀

诗歌要隐，就像人要能收敛。含而不露、含蓄蕴藉才是诗歌的修养，也是诗教温柔敦厚之所在。

收敛和封藏不是逃避，而是一种艺术手法与生活技巧。藏得久，才能展得开。没有冬天的孕育，哪有春天的生机盎然？

在诗歌中，一枝红杏，是要展现满园的春光；在绘画中，几只蝌蚪的身边，便是一片蛙鸣。没有敛藏，展现出来的花红柳绿便没有底蕴，经不起品味和咀嚼。中国诗歌讲究的韵致，正在于隐于不著一字间，秀在尽得风流外。

诗要写内心的隐与秀、情感的藏与露，隐秀藏露之间，便有欲言又止的趣味。诗的委婉曲折，正在于吞吞吐吐之中所蕴含的精致、优雅与体贴。我们之所以藏起自己的情感，是因为在这个世界上，能了解自己的人太少太少，诗歌的妙处，正在于人情世故的微妙敏感，成就了诗歌的温和婉转。

但我们的心，何尝不想打开，因为我们期待能有与心一样宽广的世界，如同天空、如同日月，可以没有私密地对视，可以没有隔阂地交流。但在很多时候，这仅仅是期待。

因为你不理解我，看到的只是我的背影；一旦你了解了我，我就像天空一样澄澈。诗人在等待读者，读者也在寻找诗人。好的诗歌，便是在这样的对读中得以共鸣，中国诗歌史正是诗人与读者共同造就的一段段佳话。

诗的现代性

兴观群怨是中国传统诗歌的历史经验，其要求诗歌面对社会与人生时，尽到绵薄的推动之力。若没有赋比兴的传统、观风知政的意图、唱和言志的习惯、抒情言志的要求，诗歌便少了几分对人类命运的展望和对人类行为的省思。

古人面对奇异的天象，只有畏惧；面对自然灾害，只感无助。即便有时候罪己，也不是出于理性的反思，而只是为了逃脱上天的责罚。古典诗歌的情感足而理性少，既在于诗歌的主情性，也在于古代中国的理性思致的隐约。

新诗所要面对的，必然是越来越多的时代命题。新诗所反映的，自然也有人与自然的冲突和对立，这要求诗歌具备更为深沉的“省思”功能，要有勇气面对人类走向的命题，不仅是赞美，还要反思。只有这样，诗歌才能走出自斟自饮的小空间，拓展出无限广袤、高远的新天地，赓续中国诗歌的走向现代、走向未来的使命。

中国诗歌从宋、元时便试图在形式上寻求突破，宋词的参差错落、仄声入韵，元曲的衬字运用、句法变化、曲调多体，正是在规则中寻找新拓展，以免旧格套日益油滑。

这种拓展，在 20 世纪的新诗中被发挥到了极致，打破规则，打破一切的束缚，却最终让新诗走到了没有规则的道路之上。

很多人作诗，就是在使用回车键。诗歌便成了没有标准、没有共识、无法判别的、难以品鉴的文字活动，以致高考的作文“文体不限，诗歌除外”。这让诗歌失去了读者，读诗的只有诗人自己，这对于一个被诗歌浸润日久的国度来说，是何等的悲哀？

新诗可以打破外在的形式，但不能摆脱内在的规则，如节奏、旋律、声情、韵致、章法等。只有如此，诗歌才能如散文“形散而神不散”一样，用内在规则，把光怪陆离的话语扎上一个腰带，不致脱节，不致褴褛，不致失去体统。

新诗写作的另外一个困惑便是，我们有太丰厚的诗歌资源，自觉或不自觉地沉浸在古诗的意趣之中，让我们始终无法忘记诗歌就是星、月、歌、帆、花。当现代新生事物跳入我们的眼帘，我们自然感觉它太质实，太生硬，或者说太现代，也就自然产生一种异样的感觉。怎么表现现代生活，是回归到传统，还是另辟蹊径？这需要新诗的作者去思考。

中国诗歌的传统，从态度上讲，是温柔敦厚的；从风格上讲，是含而不露的。即便爱用夸张的李白，崇尚险怪的韩愈，以及有意写直观变形的李贺，他们都是在恪守诗美的前提下，对个别意象进行调整变异。那些傥恍不及的想象，或者源自于神话，或者源于借助神话，而形成异己空间，呈现作者不羁的才华，因而狂怪而不诧异，陆离而不瞠目。

现代派诗歌所追求的表达效果，有时会建构在有悖常理的想象之中。黑色幽默也好，变形刻画也好，既在追求语不惊人死不休，更能用常人不敢道、不屑于道，甚至是无法出口的那些比喻或者形象去宣泄，意在表达一种自嘲，或者反讽，或是愤世嫉俗般的情感抒写,多是险怪有余而涵咏不足。

诗人对自我情感无可抑制的宣泄,是因常从镜中反观自己灵魂深处的痛苦:他人羡慕的成功者,其实也是一个有血有肉的普通人。他的感情比普通人更丰富,他的痛苦自然比普通人更深刻,因为他付出的,是比常人多得多的心性磨炼和情感煎熬。

敢于把自己形容得一无是处的人,需要内心足够强大。很多人之所以成为普通人,在于当他仍一无所有时,就放弃了流泪,放弃了寻找,失去了对自己的反省,永远糊里糊涂、忙忙碌碌地做着闲人,眼睁睁看着他人日新月异地发展。

所有的成功者,总在学习、反思,总在改变、超越,只有敢于面对真实的自己,才能够清除内心的龌龊、阴暗和狭隘。洗尽渣滓,人便活得纯粹而简单。

工夫在诗外

艺术家的才能，首先表现为具有观察生活、发现美感的眼光。自然万物如果不遇到诗人的表达，情形不出，声臭不闻。其次，表现为因自然触动的情感之中，能否发现自然变迁与人类情感的息息相通，理解其中的情趣与理致。然后，表现为能否调动艺术想象，布局经营，选词造句，形成文质兼该的艺术品。

中国文化中，气被作为与生俱来的先天资质，才作为后天可以培养的能力。气质不可强求，才学却能累积。李日华《墨君题语》言“绘事必须多读书”，读书多，便能洞彻古今，不为见闻所局限，而能洞察古今之通理，山川灵秀，融入胸中。从这个角度来说，好的作家作品，不是练出来的，而是养出来的。

唐岱《绘事发微·读书》言：

> 胸中具上下千古之思，腕下具纵横万里之势，立身画外，存心画中，泼墨挥毫，皆成天趣。读书之功，焉可少哉！……彼懒于读书而以空疏从事者，吾知其不能画也。

把读书作为提高艺术境界的唯一途径，强调艺术家只有具备深厚的学力，良好的修养，才能洞彻艺术的规律，达到出神入化的境界。在此基础上，不断陶冶性情，提高鉴赏能力，具备独到的艺术眼光和高超的表达能力。观千剑而后识器，操千曲而后晓音，大量吸收借鉴前人的经验，提高艺术鉴赏力，提升艺术创造力。

中国文化主张深厚的笔墨功夫、广博的文化修养是艺术得以超越的根基。熟练驾驭笔法、用墨、敷彩技巧，可以得心应手绘制栩栩如生的艺术形象，是为基础；而具备了广博的人文知识与深厚的艺术修养，便能触类旁通，左右逢源，继往开来。

黄庭坚在《跋东坡书远景楼赋后》中，说苏轼的“学问文章之气，郁郁芊芊，发于笔墨之间”，点出了文人书画与专职书画家的区别，在于文人画是水到渠成的艺术展现，其书画是文化涵养出来的；而一般的书画家，更注重技法，是练出来的。晁补之在《跋翰林东坡公画》中，说苏轼绘画、诗歌、散文的成就在于“胸中闳放”，只有善于“治气养心”，提高内在修养，才能创作出好作品。他在《题子瞻〈枯木〉》中说：

折冲儒墨阵堂堂，书入颜杨鸿雁行。
胸中元自有丘壑，故作老木蟠风霜。

这是他为苏轼的《枯木图》题的诗。苏轼的艺术之所以高妙，不在于艺术技巧，更在于其能融通文学、思想、宗教与艺术，精通诸家书法，有精辟见解，厚积薄发而自成一家。

薛雪在《一瓢诗话》中指出：“诗文与书法一理，具得胸襟、人品必高。”松年《颐年论画》举出北宋蔡京、南宋秦桧、明朝严嵩，言其不仅地位高，且精通书法，但作品却为后世不齿，在于其人品太差，艺术便随之失去收藏价值。

黄庭坚告诫子弟们好的人品是写出好诗的前提。他举嵇康为例：

> 叔夜此诗，豪壮清丽。无一点尘俗气，凡学作诗者，不可不成诵在心，想见其人虽沈于世故者，暂而揽其余芳，便可扑去面上三斗俗尘矣。（《书嵇叔夜诗与侄榎》）

诗歌是个人性情的表达和流露，情怀修养决定其境界与格局，嵇康的诗能为后世所推崇，在于其人不俗，其诗亦不俗。

学艺人多而成大家者少，关键在于大多数人有才而无识，掌握艺术技巧，却不能创作出有深厚感染力的艺术品，匠气太重。许学夷《诗源辨体》言当时有的诗人“识见不足，以诡诞为新奇，以庸劣为本色”，并未掌握艺术的根本规律，而是把不合艺术规律的怪诞、荒谬之辞作为创造，自以为出新，实则出丑、出俗。

只注重表达个人的奇思怪想，作品看似绚丽诡异，却因缺乏深厚的文化底蕴与艺术积淀，不能给人以深沉的感动，或失之于浅薄，或失之于轻佻。一味沉湎于技巧的雕琢，即便惟妙惟肖，却总缺乏流动的气韵和动人的力量，最终艺术史会弃之若敝履。

纯净之美

静笃生慧，是道家所向往的美的极致；无心归寂，是佛家所欣赏的美的旨趣。大自然的开合，固然充满张力，但在道家和佛家看来，那不过是暂时的喧闹罢了。

真正的美，是洗尽了尘俗的纯粹，是没有任何人为雕琢的素朴与简约。

美感是一种体验，不必是一种说服和论证。好的艺术品，能让我们的心进入画面、进入语境，一下子安静下来，感到一种被自然抚慰、被宇宙眷顾、被天地拥抱的沉寂。

这种纯，是忘却了人世喧嚣的超脱；这种净，是没有功名利禄羁绊的优雅。

为什么我们面对天真的小孩都会生出亲近的感觉，想去抱上一抱、多看一眼，是因为他们的眼中充满了纯净和童真，没有任何算计、没有任何功利、没有任何欲念，这是人类心中最渴望得到的一种精神抚慰，也是最容易失去的审美愉悦。

董其昌说，读了庄子的秋水篇，再画名山就无趣了。这说出了艺术最高妙之处，在于体察自然之妙，品庶天地之理。万物不分贵贱，不分大小，不分寿夭，平等存在，互根互通，皆得大自在。

艺术家的高下，不在于技术的差异，而在于物感的高下。如果一个艺术家，只能描摹别人看不到的山水，而见不到日常生活中的美景，只能用陌生化的视觉效果去震撼观众，其作品其实是没有灵魂的，充其量只是一个形式而已。

真正的艺术家，常能从身边的一草一木中发现美，发现常人熟视无睹的情趣，找到别人曾经见过却无法表现出来的意境，或者留住别人无数次遇见却没有机会留住的永恒，这取决于眼手的高下，取决于对天地、自然、人世的洞察。

任何艺术到达至高的层面，不再是技术，而是艺术家的修养。

返景入深林，复照青苔上。森林中一抹夕照，人人可见，能把静谧之感表现得如此层次分明，传达出的清新、深邃、寂寥，令人感到彻骨的深刻，便是艺术家。

纯净，不能外寻于物，只能内求于心。

纯净不是没有动感，而是安逸、祥和与优雅交织起来的协调感。傍晚时分，在夕阳下的海边散步，海浪织出的细纹，仿佛母亲的手，在抚慰着细软的沙滩，让心平复，让神安宁。似乎没有声响，却有此起彼伏、变化万千的线条呈现在眼前，无言之中有那样旖旎的变化。这是绮丽之后的朴素，是绚烂之外的淡定。

我们习惯了五光十色的世界，偶尔放弃各种斑斓，回到黑白交织的水墨画卷之中，似乎少了几分真实，却多了几分劲道：更耐看，更耐品，更耐咀嚼。滤除了色调之后的形象，仿佛雨后的山川，更多了几分骨力和灵气，其中明暗的变化，更加细腻真切。

大道至简，天地万物本来就只有阴阳交布。有时候，黑白感所呈现出来的干净，是天地至真至纯的流露，没有矫饰，没有造作。这是艺术的本真，是最高意义上的大美。

我们很容易把纯净理解为小孩那天真的笑容，少女那无邪的神态，或者是小桥流水的素雅、落红满径的清幽，其实，纯净之境，是天地大美的一个侧面，甚至是大美的内在特质。

波澜壮阔、巍峨峻拔、高迥深厚也是纯净之美：同样能让我们忘掉机心，放弃算计，扯动心中最细腻、最温柔、最简约的那根琴弦，让自己忘却物我界限，出神入化。

大美是一种体验，让我们感动，让我们感发，感到造物的匠心独具，感到人与自然的息息相通。大美是一种超越，让我们忘却，忘却尘俗中没有边际的欲望与矫饰，唤回心中被遮蔽许久的真纯。

纯净，已经越来越暌违了，似乎只有回到自然之中，我们才能找回。最不欺骗我们的是自然，我们却从出生的那一刻起，就开始浸染尘俗，按照社会规则去文饰自己，雕琢自己。孩子般的纯净，随着年龄的增长，不断流失，自己也慢慢习惯了面目可憎，而且乐此不疲，装模作样地陶醉其中。

没有了禅定，很难再体会云天的辽阔、花开的寂寞，慢慢便忘记了海阔天空般的度量，春风时雨般的修为。没有了静笃，只能人云亦云，随波逐流，疏离了朗月春光般的襟怀，冰清玉洁般的操守，成为无论如何都没有设想过的自己，并由此心安理得。

因此，纯净不在眼中，而在心里。唤回纯净，保持纯净，不是行动，更是修为；不是心思，而是心态；不是为他，而是为己；不是寻求，而是回归。

第五辑

气韵与画意

写意

写意性是中国艺术骨子里的格调。

写意，并非抛弃所描绘对象的形体特征随意书写，而是艺术家在充分观察自然万物的表征之后，通过艺术提炼，融入他们对自然、人生与社会的思考，在审美情趣与艺术感悟的观照下形成具有独特个性的意象，借助于文字、笔墨与音符，把经过充分酝酿的艺术形象表现出来，物我冥契、情景交融。

艺术表现的过程，不是以客观事物外表的逼真作为要求，而是以其内在精神的展现作为追求，其常常是艺术家的心灵感悟与情绪表达，具有浓郁的主观色彩，是以我观物的艺术呈现。

意象是中国艺术中最核心的概念。象，为外在物象，无论用文字表述、线条描绘或者音声展现，象的本原都是真实可感的视觉、听觉。意，则是隐藏在象中的情绪、情感、情思，是艺术家自觉或不自觉倾注进去的自我体验。

谢赫的《画品》最早提出了“象外”的概念，他认为如果绘画单纯拘泥于形体，就不能表现艺术的精粹。在人人可感的表象之中，寄寓某些更深广的内容，使得作品呈现出一种微妙的意趣，立足于自然而超越自然，看似无我却有我，便是绘画的最高境界。

谢赫之说，与其时玄、佛学理中的“象外”认知相通。中古的玄学、佛学，皆试图讨论超脱于平凡物象而带有普遍性的规律，以一观殊。象外，便是概括蕴含在有形之象中的无边世界、天地通理和宇宙秩序。谢赫强调的“象外”，是强调绘画要在具体可感的物象中蕴含着给人感发的力量，让作品具有穿透表象形式的深广蕴涵。

可惜，六朝绘画并没有给我们留下更多的作品可供欣赏，我们只能从诗歌中去体味“象外”之美。谢灵运的“白云抱幽石，绿篠媚清涟”（《过始宁墅》），“云日相辉映，空水共澄鲜”（《登江中孤屿》），“林壑敛暝色，云霞收夕霏”（《石壁精舍还湖中作》），“池塘生春草，园柳变鸣禽”（《登池上楼》）等，便是用物象建构成一个个充满情趣的画面，寄托着作者对天地思理、宇宙秩序的观照。

这些句子试图在物象的组合中寄托更深广的情绪感受，其中的景物，不是被简单地描绘出来，而是经过作者的选择、取舍，带着他对自然的体悟。读这些句子，常能感到在物象之中，寄寓着更深的生命体验与人生况味，这是谢灵运的情感、情绪、情志的外化。

意象是情思与物象的组合，意境是意与诸多物象组合而形成的更为深远的境界，要比意象更为开阔、幽深、高远。司空图在《二十四诗品》中描绘了二十四种各具特征的意境。其中概括“豪放”之境：

> 观化匪禁，吞吐大荒。由道返气，处得以狂。天风浪浪，海山苍苍。真力弥满，万象在旁。前召三辰，后引凤凰。晓策六鳌，濯足扶桑。

其列举高山、长风、大海等壮阔之象，以象征豪放的精神力量，在于无拘无束、气势如虹、真气弥漫、俯仰天地。壮阔之象，得之于自然；精神力量，则是蕴含形象中的主观感受。司空图认为写出真实可感之象并不难，难的是在象中表现出充满张力的生命体验。因此，意象和意境的核心问题是如何写意。

殷璠言“兴象”，强调的是“兴”，着力点在于注重表达的自然天成，希望诗歌没有任何人为的痕迹，由着自然触发而成，活泼、生动而真切。王昌龄的“境象”，则强调“张于意而思之于心”，把个人感受充分注入景物中，让“我”之情思，驱动景物，形成淳厚、深广而蕴藉的艺术空间。

刘禹锡则言“境生于象外”，更注重物象组合所呈现的张力，其所谓的境，不再是物境，而是无数意象所形成的境界。境界存于物象之中，仿佛无数的花构成了春。皎然言“采奇于象外”、苏轼言“得之于象外”，便是寻求物象组合之后所形成的更为开阔、更有情理、更耐涵咏的艺术观感。

中国艺术的写意，一是作者通过情感体验和艺术理性，把外在物象主观化，体现于艺术创作中。二是把物象表现出来，使其组合中传达出足以使读者、观者感受到的审美愉悦，体现于鉴赏之中。重视象外之意，是中国艺术创造的出发点，也是其归宿处。

工笔的写意

北宋韩拙在《山水纯全集》中说:“用笔有简易而意全者,有巧密而精细者。”用笔简略,常通过简练概括的笔墨,描绘出物象的意态神韵,要求画家要有高度的概括能力,能选择以少胜多的意象,落笔准确,运笔熟练,得心应手,意到笔到,是为写意。南宋梁楷、法常,明代陈淳、徐渭,清初朱耷等,皆擅长于此。

巧密精细为主的画法,称为工笔。用笔工整细致,层层敷色渲染,细节明彻入微,用细腻笔触描绘物象。北宋院体画、明代仇英的人物画、清代沈铨的花鸟走兽画等,是为典型。

相对而言,写意笔墨简练,不重外形而崇尚意趣表现,个性色彩鲜明;工笔注重形体刻画,在形似中追求神似。工笔之中的写意性,最能体现画家的功力与品位。

中国的工笔画,并不注重再现客观事物的视觉感受,不是按照外物的构成从点到线再到面描绘,而是采用线条勾勒轮廓,通过轮廓塑造物象,然后填充色彩。工笔绘画的线条有曲折、起伏、粗细等变化,尽管也能表现向背、明暗等关系,但工笔画却并不将此作为重点,也不追求完全等同于客观真实的视觉效果,而是按照画家的艺术逻辑完成构图,并不追求事物形态的外在关系来完成画面布局。在构图中，中国画常采用散点透视，以移动的视角来展现时空变化。

北宋张择端的《清明上河图》，用散点透视法描绘北宋都城汴梁内外丰富复杂、气象万千的景象。其以汴河为主轴，从辽阔的远郊画到热闹的虹桥，既表现出城内的熙熙攘攘，又可见郊野的萧萧疏疏；既能看到桥上行人的嘈杂，又看到桥下船只的拥挤；既能看到近处清晰可辨的楼台，又看得到远处纵横交错的街道。无论哪一段，所绘景物的比例都是相近的，与我们现实生活中形成的焦点透视的感觉相去甚远。

周昉的《簪花仕女图》，采用简单道具与绣像式的人物来刻画，将贵族妇女采花、看花、漫步、戏犬等场景一一展开。为明确突出主要物象，画面甚至舍弃了背景，这种铺陈之法所形成的画面感，也是以写意之法布局。

经画家提纯后形成的高于生活的画面，寄托了画家的匠心和意趣。从画法来看，工笔画是将艺术表现而不是艺术再现作为创作的起点，但其所形成的艺术效果，带有明显的写意性，其就创作意趣而言，与写意画只是程度的区别，而不是本质的区别。

而且，工笔画以传情达意作为艺术目的。尽管追求形似，但工笔画仍强调画家在形似中寄托思致。宋徽宗敕令编纂的《宣和画谱》说："绘事之妙，多寓兴于此，与诗人相表里焉。……展张于图绘，有以兴起人之意者，率能夺造化而移精神，遐想登临物之有得也。"北宋院体画，以写实为追求。他们能提出这一见解，更说明工笔花鸟画的审美标准，是要求画家要充分抒写意趣，寄托审美理想，而不是单纯崇尚形似。在工笔画中，画家刻画栩栩如生的外物，只是将之作为精神的载体和感情的符号，在细致入微的描绘中寄托个人的审美心得，富于主情性。

其中，花鸟画常见的“折枝花”构图，常借用一枝鲜艳欲滴的花朵或闻香而来的鸟虫，表达“春色满园关不住”的欣喜，以表现画面背后的繁花似锦。清李方膺《梅花》说：“触目横斜千万朵，赏心只有两三枝。”言及绘画提炼之法，在于“以一当十”。北宋林椿《果熟禽来图》中，小鸟翘起尾巴、挺起毛茸茸的小胸脯，给人安详宁静的观感。柔润而富有弹性的笔触中，寄托着画家对生命的呵护与喜爱。画面逼真，蕴含着画家浓郁的情感与意趣。花鸟画在对自然表象的逼真描摹中，所追求的神韵与意趣，也体现出一定的写意性。

工笔画的创作，也是经过由现实客观到主观体验、再到艺术客观表现的过程。在这一过程中，画家的主观感受始终处于支配地位，与写意画一样，强调画家应观察生活，对事物的形体特征、神态风情有了然于胸的熟稔，成竹在胸而后出之于手。

中国画家并不像西洋画家那样，在固定地点、固定时间直接面对所要描绘的物体进行写生，而是注重将观察体验记忆下来，在心中形成物象，然后凭借记忆再去寻求艺术表达的契机，把“胸中竹”变成“画中竹”，把“眼中物”化为“心中态”。这种不直接模仿客观而成像于心的艺术创作，是中国画家所追求的艺术境界。

清恽寿平在《南田画跋》中说：“宋人谓能到古人不用心处，又曰写意画。两语最微，而又最能误人，不知如何用心，方到古人不用心处；不知如何用意，乃为写意。”言工笔画和写意画并没有截然的对立，二者皆重视画家个性气质、情感体验的基础作用，追求意象和情感的结合，形成具有表现意味的艺术形式。

外师造化

唐人符载在《历代名画记》序言中描绘张璪作画时，言其“遗去机巧，意冥玄化；而物在灵府，不在耳目”，这最能看出艺术构思与艺术创作的关系。在构思时，要借用具体物象来形成形象；在表达时，则要超越具体物象，将自己的性情充分表现出来。

张璪言自己的创作心得，在于外师造化，中得心源。造化是天地大美的钟灵毓秀，是不落言筌的巧夺天工。外师造化，要求画家对自然万物仔细观察，对画面形象进行精妙布局，把外在物象纳入个人艺术体验中进行滤汰、组合、重构。让其合乎自己的生命节奏、情感体验和人生感悟，是为中得心源。

外师造化，获得物象的林林总总；中得心源，则因情感置入而气象万千。这是以自己的手，写自己的心。意，尚可付诸形象，隐含于象中，是艺术品呈现出来的“我”，是作品中的我。而心，则是创造艺术的“我”，是作为画家的“我”，其作为全部生命体验、人生阅历和道德修为的总和，不仅存在于艺术创作之中，而且潜藏于画者自身之中。

《菩提心论》言：“妄若息时，心源空寂。”《止观论》也说“心源一止，法界同寂”。言心源为人体察外物、感受世界的本原。若无心的作用，自然便是客观；有了心的体察，自然便是主观。王维在《绣如意轮像赞·序》中说："审象于净心，成行于纤手。"便是言艺术的高下，与其说在于手法，不如说在于心境。他言自己的创作体验：

> 辄便往山中，憩感配寺，与山僧饭讫而去。北涉玄灞，清月映郭。夜登华子冈，辋水沦涟，与月上下；寒山远火，明灭林外。深苍寒犬，吠声如豹；村墟夜舂，复与疏钟相间。此时独坐，僮仆静默，多思曩昔，携手赋诗，步仄径，临清流也。（《山中与裴秀才迪书》）

外物宁静，心境安逸，是艺术之心最为敏锐之时。了无尘俗，寂对本心，万物皆归于我，万物皆归于一。原本各自独立的物象，因心的作用，形成富有深层联系的境界，体现着宇宙的无边永恒与生命的息息相通。王维的独坐与多思，正是审象于净心，俯仰天地，品察庶物，心无挂碍，便可洞察细微之变动，形成一首首可遇不可求的好诗。

中得心源

刘禹锡在《董氏武陵集纪》中说:“心源为炉,笔端为炭,锻炼元本,雕砻群形。”把笔喻为炭,将心喻为炉,以说明自然万物,经过心的熔铸,才能成为审美意象。白居易《记画》说:“学在骨髓者自心术得,工侔造化者由天和来。”将“自心术得”与“由天和来”作为艺术表现的两个维度。

自心术得、中得心源,皆强调“心”的作用。心是心灵、心性、心态、心境,也是情绪、情感、修为、德行,把心作为艺术创作的本源,在于强调作者自身的艺术修养对创作的关键作用。权德舆《奉和李大夫题郑评事江楼》:“心源齐彼是,人境胜岩壑。”心若无是非,人间便是清净地。元稹《放言五首》之一:“安得心源处处安,何劳终日望林峦。”心若无分别,尘俗亦是修行地。皎然《偶然》:“偶然寂无喧,吾了心性源。”只有体察本心、真心,不做作,不虚伪,不矫饰,艺术才能洗尽铅华。

王维在《送高闲上人叙》中,描写书法家张旭的创作说:“张旭善草书,不治他技,喜怒窘穷,忧悲愉快,怨恨思慕,酣醉无聊不平,有动于心,必于草书焉发之。”张旭草书的奔放,在于其能自由书写心绪而无尘俗挂碍。

郭熙在《林泉高致》中言山水画创作的高妙之处，在于“身即山川而取之，则山水之意度见”。画家的审美情趣决定了艺术表现的高低，身通山水，意通云天，胸中有丘壑，眼中便有气象万千。

因此，心，不仅是刹那间的情绪体验，而且是日积月累的生命体悟，更是洞察古今的人类共识。将一时一地的情感体验与一生一世的生命认知，融通于古往今来的道心之中，作品便因个性而异，又因共性而妙。

画意

无论是采用流畅的线条进行白描，还是采用协调的色彩进行彩绘，中国画在特有的夸张、变形中，均蕴含着画家对自然生命力高度审美化的理解。蓬勃的草木、精妙的流岚、森严的山峦、灵动的江河，不仅是一种客观存在，更是作者对自然宇宙的主观感知。

中国画不是按照原生态的样子进行布局，而是将能透彻生命规律的景物组合起来，经过提纯、简化和重组，融合着作者情思，形成源于自然而又高于自然的艺术创造。

《石涛画语录·山川章》中说："测山川之形势，度地土之广远，审峰嶂之疏密，识云烟之蒙昧，正踞千里，邪睨万重，统归于天之权、地之衡也。"言山川、形势中蕴含着天地秩序、宇宙气象。因此，外在景物是被作者高度意象化了的客观存在，作者情感也是被高度物态化了的主观形态。在中国画中，一只飞鸟、一片森林、一条小溪、一线白云、一段江水、一丛花草，无不渗透着画家的匠心，浸润其艺术修养与文化积淀。

明代画家李日华在《墨君题语》中言："绘画必须多读书，读书多，见古今事变多，不狃狭劣见闻，自然胸次廓彻，山川灵奇，透入性地，时一洒落，何患不臻妙境？"认为艺术创作是画家人文情怀和艺术修养的交汇融通，只有具备了深厚的艺术功力，才能形成震古烁今的艺术创造。

中国绘画重视画家的人文底蕴和艺术积累，源于写意性所要求的艺术概括力。南齐谢赫《古画品录》说："虽画有六法，罕能尽该，而自古及今，各善一节。六法者何？一，气韵生动是也；二，骨法用笔是也；三，应物象形是也；四，随类赋彩是也；五，经营位置是也；六，传移模写是也。"气韵、骨法、形象、笔墨、构图、法度，是中国画的艺术基础，也是审美追求，使得作品不是简单的技巧叠加，而是作者艺术感悟力、艺术理解力和艺术表现力的融通。

可以说，中国画不仅是作者对自然景物的摹仿和描绘，更是作者人文情怀和生命体验的外化；其不仅要求有鲜明的个性表达，也要求蕴含着深广的人文底蕴。从这个角度来说，意在笔先所强调的"意"，是画家在绘画之前应具备的思想、感情、理想、修养。有了意，才能把高度个性化与情感化的形象，鲜活而生动地融合起来，使之饱满充盈。

画意，是经过了高度艺术提纯后的客观存在，是被主观化后表达出来的有意味的形式。其具备更丰富的想象空间，具有更开阔的艺术张力，是从画境中展现出来的情感体验、生命张力，体现着画家对自然、生命和人生的感悟与洞彻。

骨法用笔

文人画与书法有着天然的联系，皆使用毛笔作为造型工具，讲究用笔的粗细、疾徐、顿挫、转折、方圆变化，通过线条变化来表现质感。

在笔法理论中，起笔和止笔最能体现艺术功力，力度的大小和强弱最为关键。起笔不可凝滞，住笔不可轻挑。用笔要轻重得当，力轻则浮，力重则钝；快慢适宜，疾运则滑，徐运则滞；转折得法，偏用则薄，正用则板。用笔时时能做到曲行如弓，直行如尺，方才掌握了用笔技巧。

线条是中国画最基础的技法。上古岩画已熟练运用线条勾勒，战国楚墓出土的帛画，已出现了白描画法，其均匀流畅的线条成为中国画造型的基础。唐吴道子把白描线条发展为粗细轻重，相互搭配，以求生动表现自然万物的动感与质感。无数画家不断探索用笔之法，以线的变化勾勒物体的轮廓，塑造形象。山水画中，远山在断断续续的线条中延伸；花鸟画中，花瓣在温润细密的笔触里盛开；人物画中，衣服随着连绵的纹线飘飘欲动。

明邹得中在《绘画发蒙》中，总结人物画用笔经验为“十八描”，并给每种描画都起了形象的名字。如行云流水描的线条，如同云朵水纹般地流畅；柳叶描的线条，总有柳叶一样的顿挫；蚂蟥描，仿佛是蚂蟥在爬行；橛头钉，则古拙而有质感。后人又将这些线条概括为三类：

一是铁线描。这是最早形成的线描手法，压力均匀，粗细一致，包括高古游丝描、琴弦描等。顾恺之的《女史箴图》和《洛神赋图》、阎立本的《历代帝王像》、周朗的《秋娘图卷》、文徵明的《湘君湘夫人图》、唐寅的《孟蜀宫妓图》等，便是以铁线描为主，并适当加以变化而成。

二是减笔描。将较为复杂的描法简洁化，使其便于写意，用笔时常把压力偏向一端，运笔加速，以轻重、疾徐变化，使线条能够体现出线面结合的趣味。如竹叶描，常作为竹叶的基本画法，与墨的浓淡结合，呈现出丰富的表现力。柴笔描，先以淡墨写衣纹，再用浓墨渲染出衣服的褶皱，使衣纹起伏明晰，飘展欲动。

三是兰叶描。兼用曲折、粗细特征的线条，其用力不均匀，运笔时断时续，时提时顿，线条忽粗忽细，类似兰叶。枣核描、柳叶描是这类画法的延伸，宋李唐的《采薇图》，元代《永乐宫壁画》，便是用这种画法，明代陈洪绶、张路及浙派画家，都长于兰叶线描。

谢赫作《古画品录》时，尚未形成后世丰富多彩的笔法，但他提到的"骨法用笔"，确实意识到了笔法的基础性地位。因此，骨法既指用笔在中国绘画中的核心地位，也指绘画时用笔要有力度，有骨气，能够把提、按、顺、逆、正、侧、藏、露、快、慢等技巧融合进去，心随笔转，呈现出多姿多彩的表现力。

笔法还能形成富于立体感的面。山水画中，中锋用笔，线条多挺劲爽利，一般常用于勾勒物体的轮廓。侧锋运笔，线条粗壮而毛辣，多用于山石皴擦。藏锋用笔，线条沉着含蓄，或画屋宇、舟、桥的轮廓，或勾勒山石、树干，取舍之间，最见功夫。露锋用笔挺秀劲健，可画竹叶、柳条；逆锋用笔，笔锋易散，飞白兼生，苍劲生辣，多绘树干、山水；顺锋用笔，线条轻快流畅，灵秀活泼，易勾云画水。不同用笔所形成的粗、细、曲、直、刚、柔、轻、重的变化，相互搭配，彼此协调，使山水画面富于变化。

宋韩拙在《山水纯全集》中，指出了山水画笔法三个常见的缺点：一是板，用笔变化少，线条平扁直白，缺乏灵动浑厚的立体感。二是刻，笔触过于显露，刻板痴呆，没有生机。三是结，笔法凝滞，僵硬不行，缺乏流畅感。因此，骨法用笔，是要求用笔枯润相生，刚柔相济，文质彬彬，最大程度地发挥画笔丰富的表现力。

笔法被看作中国绘画的骨干，是因为其体现着中国画的艺术品格。艺术视点，是在艺术形成过程中逐渐积累并稳定下来的、被普遍接受的观察视角和表现方式。通俗来讲，艺术品格是指画家如何观察并表现外物的方式方法。中国画选择用线条勾勒轮廓、用笔触点染平面的笔法，是古代画家认识世界、观察世界方式的经验积累。

原始岩画采用直线、横线和圆线来表现，呆板、僵硬和缺少动感。经过了青铜时代的积累、汉画像石的锤炼和六朝画家们的不断改进，波状的、粗细不匀的、富有张力的笔触迅速丰富起来。唐宋时期形成了具有中国特色的用笔技巧。在山水画里，先用轮廓线界定山、河的空间位置与整体走势，对山的远近高低，则通过线条、皴法和点染进行表现，显示出明暗、向背关系，确定山石、水汽、河流的纹理走向。远景多用较短、较小、较淡的皴线与点，近景则用较长、较浓的皴点。山阴常用浓墨点染，山头多用重笔，以表现山体的纵深感。后逐渐形成固定的技巧，利用皴线的疏密排列、渲染以及空白的使用来表现山水明暗。

宋元以后，中国画以山水、花鸟为主，原先直接描绘现实生活、历史人物的创作题材，让位于自然风物的表达，注重在最简洁的形象中寄托最深厚的情感。由此促成笔法的抒情意味和装饰趣味，画家们常把虚实、曲直、浓淡、轻重、粗细、断续、行留技巧组合起来，使线条曲折生动，顿挫有姿，意趣盎然。中国画的笔法日趋炉火纯青，提按、旋转、平动、摆动、流行等空间用笔技巧，疾迟、行留、节奏、涩行、跳动等时间用笔方式相互结合，使得中国画的时空感得以全面升华。

墨分五彩

用墨技巧通过墨的干、湿、浓、淡、枯、润，使画面虚实相生、浓淡相间、远近相应。中国画的用墨之妙，在于浓淡相生。浓中有淡，则气韵间出，灵动飞扬；淡中有浓，则沉着爽快，形神兼出。

古人讲"墨分五彩"，就是把墨的五种表现效果：焦、浓、重、淡、清所呈现出来的艺术效果作为五种颜色来看，使之相互搭配，呈现出丰富多彩的审美趣味。

中国画的形象轮廓多用线条勾勒而成，无论用彩用墨，线条可以视为画面的骨架。如果直接在线条中赋彩，线条与颜色之间往往存在色差，缺乏必要的过渡。借用与线条色调接近的墨色，加以适当渲染，则使画面过渡自然，浑然一体。

唐代以前，画家多采用墨线勾勒、填以彩绘，线与色对比鲜明，缺少必要的过渡。五代时将用墨与用笔结合起来，如后蜀的黄筌，将水墨和勾勒相结合，以墨染竹，不用彩绘，追求洒脱的趣味，体现自然的真趣。南唐徐熙用烘晕、皴擦之法，描绘竹石覆雪，竹节用墨皴擦，竹叶用细笔勾描，地面秀石晕染而成，水墨浑融，情趣跃然纸上。后来文同、苏轼、张中、王渊、林良等，多运用水墨相间来描绘花鸟，线条与色彩浑然一体，了无痕迹。经陈淳、徐渭、吴昌硕、齐白石等完善，墨法便成为花鸟画不可分割的技法。

山水画用墨法，成于五代。南唐的董源借鉴王维的水墨技法，吸收李思训的着色技巧，来绘制山水画，用渲染、皴擦等墨法表现苍郁的山色，劲挺的树干，墨气淋漓，画面浑然。其所作的《洞天山堂》，淡墨轻岚，洋溢着江南平淡天真之趣。北宋沈括《图画歌》便称赞其善用墨色："江南董源传巨然，淡墨轻岚为一体。"

唐宋山水画多用湿笔，追求水晕墨章的浑融。元明画家喜干笔画法，在黄公望、倪瓒、董其昌等人的创作中，墨法越来越臻于妙境。黄公望的《富春山居图》，境界辽远开阔，雄秀苍莽，简洁清润，为元代绘画的代表作。如果从细部着眼，我们就能发现山峰或浓或淡，都以干枯的笔触勾皴；远山、河渚却用淡墨抹出，笔痕隐约。水纹先用浓墨枯笔勾勒，再稍加淡墨复染。树木的枝干，多用浓墨写出，而树叶则点染而成，或横，或竖，或斜，或直，干湿相兼，放眼望去，显出苍郁生机。

倪瓒的山水，讲求墨色清淡，其喜欢侧锋用笔，轻重相生，常能用干而略涩的笔触，以折带皴、披麻皴展现远近，辅以横点作苔，皴擦渲染，显出层次。其构图多采用平远法，画面简练洒脱，似嫩实苍，最能表现浅水遥岑的萧散简远。

董其昌用墨，讲求墨法浑融，将干、湿、浓、淡墨法结合起来，追求浑然一体的效果。其所绘烟云流润，柔中有骨力，转折灵变，墨色层次分明，拙中带秀，清隽雅逸。其所绘山水、树石，神气充足，出笔儒雅，风流蕴藉。

气韵生动

中国艺术将气韵作为最高的审美追求，用来评价令人涵咏不尽的艺术品。谢赫在《古画品录》里，将“气韵生动”列为绘画的首要标准。那么，什么是气韵呢？

魏晋常用“韵”来形容审美感觉，最早用于人物品藻。《世说新语》中用“拔俗之韵”“天韵”“风韵”“雅正之韵”等形容名士风流，在于举手投足自然随和。

气韵，最初用于形容人的精神气质，随着审美转向自然山水，气韵便用来形容山水所蕴含的气质韵味。张彦远《历代名画论·论画六法》中说：“若气韵不周，空陈形似，笔力未遒，空善赋彩，谓非妙也。”将画面感所呈现的整体效果概括为气韵。荆浩《笔法记》言：“气者，心随笔运，取象不惑；韵者，隐迹立形，备仪不俗。”韵，是用来概括各种物象组合之后形成的协调、优雅的整体观感，让人赏心悦目。

宗白华在《美学散步》中说：“气韵，就是宇宙中鼓动万物的‘气’的节奏、和谐。”气韵生动，是画家通过形体表现出蕴藏在天地万物中的生机和动感。其中的生机，既体现在单一形象的刻画中，也隐藏于全部物象的组合里；其中的动感，既包括运动形象中存在的内在张力，也包括静止形象中蕴含的生命活力。在绘画作品中，个体形象与整体布局的统一、静止与运动的协调，画面中物象之间的呼应、衬托、对比等，是生机和动感的体现，也是表现生机与动感的维度。

生机，是浸润在天地万物中的勃勃生命力。倪瓒在题张以中《题自画墨竹》时说："余之竹聊以写胸中逸气耳，岂复较其似与非，叶之繁与疏，枝之斜与直哉？"他认为写竹不能简单写其形状，而应该把自己的情感体验和竹子的形象结合起来。他所说的胸中"逸气"，是个人的情绪体验，更是竹子所展现出来的无限活力，画家的逸气、竹子的生机通过具体的物象得以融合，才能将竹的清秀隽逸展现出来。

郑板桥画竹在于表现其生命力，他记述画竹的体会：

> 江馆清秋，晨起看竹，烟光，日影，露气，皆浮动于疏枝密叶之间。胸中勃勃遂有画意，其实胸中之竹，并不是眼中之竹也。因而磨墨展纸，落笔倏作变相，手中之竹又不是胸中之竹也。

郑板桥看到晨雾尚未消退中的竹子，在一缕阳光的照耀下，自然矗立，充满着无限的生机，顿时胸中涌起难抑的激情，产生了艺术冲动。形成于作品中的竹子，却并非是画家早上看到的实物，而是浸透着画家全部生命体验的、被主观化了的艺术形象。其中除了画家的艺术提炼和艺术构思外，还能看到激起创作灵感、促成画面形象不同于现实形象的另一种重要力量，便是画家对竹子生命力的感知，对其勃勃生机的体验。

动感是画面各要素间形成的节奏，中国文化认为宇宙是在不断运行的，天地人都处于变化中。远古岩画刻画动物外形，秦汉石刻则重视运动形象的刻画，人物画、花鸟画往往捕捉最富于动感的瞬间，展现人物的生命活力和个性特征，在举手投足、顾盼言笑间表现人物的精神气质。唐宋后的绘画，更强调画面中蕴含着画家对宇宙秩序和生命节奏的掌握，要求画家能够用心灵去感受自然万物的内在张力，让自己的情感随着物象的组合形成空间动感，用艺术理性驱动情感与形象的结合，在动静、远近、高低、开合等关系中，形成流淌的气韵和鲜明的节奏。

中国文化中，常将宇宙的本质规律归结为最高层次的“道”，认为天地万物既是道的派生物，也分别在不同侧面体现了道的本质规律。因此，在艺术创作中，要求在画面中要表现出宇宙运行的秩序和方式，体现出天地之间的流动不息的气。这就要求画家要能把握住宇宙、自然、人生中饱满的、充盈的、流动的气息，将内心直觉和万物运行融合起来，让自己的生命与自然的运行相冥契，既可以充满激情淋漓尽致地泼墨写意，又能用空灵的心境去凝神静观。

那些渗透了画家全部生命体验的物象，经历了由外向内、由表及里、由现象到本质、由宏观到微观的艺术加工，成为被高度艺术化、情感化了的形象，浓缩了画家的生命体验和审美追求，便形成了生动的气韵。因此，气韵生动是蕴藏在画面形象之中的，具有普遍艺术感染力，能够洞彻人生和宇宙的审美力量，是画家内在精神气质的全部展现。

欣赏绘画，一是要欣赏画面的生动，要能体味到笔墨中展现出来的生动性，几根线条，几处用墨，往往能赋予自然物象以独特的生命感、强烈的运动感和优美的灵动感。二是要体会整体观感。

线条的凝滞转折、用墨的轻重浓淡，不仅能够形成逼真的质量感，还能传达出画家的意兴、气势与情感力量，将作家全部的艺术体验表露出来。看似宁静的画面，不仅蕴含了形象本身的生机和动感，而且浸透着画家对于生命的理解和感悟，蕴含着贯穿天地万物的哲理。

出神入化

中国人论画，将作品分为神品、妙品、逸品、能品四种。北宋黄休复《益州名画录》中，将逸品置于神、妙、能三品之上，作为画作的最高境界。郭若虚《图画见闻志》评骘画家，列为逸、神、妙、能四品。美术史家郑午昌说：

> 综观中西绘画，而寻其演进之次序，可分为四程，第一程漫涂，第二程形似，第三程工巧，第四程神化。

他说的四个过程，是不同阶段所能达到的四个层面，分别代表了艺术技巧、艺术形象、艺术蕴涵和艺术神韵的实现程度。

漫涂，强调画家要掌握绘画的基本技法，利用线条、笔墨、色彩、构图等手段，把物象建构起来。其所能达到的高度，是对绘画技法所知甚广，对名家笔法烂熟于心，用笔自如、用墨得心应手，是为能品。

形似，是画家能够提炼出独到的艺术形象，完成直观、生动的艺术创作。其对画家的眼光提出了更高的要求，要求所绘形象有典型性与概括性，又要有情感性与思想性。其所能达到的高度，是作品惟妙惟肖地传达出作家的情趣思理，是为神品。

工巧，是作品浸润着深厚的人生哲理、诗情画意与精神内涵，渗透着艺术家对自然、社会、人生的深刻领悟，作品具有洞悉宇宙运行、人生况味和时世观照的穿透力，是为妙品。

神化，是艺术能够超脱现实社会，体现人类共同的审美境界，清雅、恬淡、安逸，是中国文人画所能达到的极致，融合哲思、诗情、画意而形成的只可意会不可言传之美，有知其妙不知其所以妙的不可再得，是为逸品。

经典的艺术品，是艺术家倾其生命而创作的可遇不可求的艺术极致，也是艺术家艺术技能、艺术修养的得之于心应之于手的展现，其不可或缺，代表了中国艺术史的高度；其不可再得，显示了经典作品的价值。

花鸟情趣

艺术的不断积累，一些绘画题材便被赋予了特定的文化意味，成为人文精神的写照。如象征高雅脱俗的兰花、象征高风亮节的竹子、象征凛凛傲骨的梅花、象征淡泊清雅的菊花、象征高洁性情的莲荷、象征高尚情操的松柏等，被艺术家赋予了丰富的人文内涵。画家们选择这些题材去表达自己的情怀，诗人们也常被那些高度情绪化的画面所激荡，时常不由自主地去唱和。

我们可以通过题画诗，来观察古代花鸟画的趣味。唐代罗隐作《扇上画牡丹》："为爱红芳满砌阶，教人扇上画将来。叶随彩笔参差长，花逐轻风次第开。闲挂几曾停蛱蝶，频摇不怕落莓苔。根生无地如仙桂，疑是嫦娥月里栽。"精雕细刻地再现了扇面上优美生动的画境：牡丹的叶片因笔触的长短而参差错落，花朵在春风的轻抚下先后开放，显出勃勃生机。

可以想象，罗隐所见画面上的牡丹或含苞或盛开，叶子或浓或淡的情形，是为画意。罗隐又说，牡丹图画的太好，以至扇子闲挂时，便有蝴蝶来寻花求蜜。栩栩如生的苔藓，仿佛在摇动时要掉下来似的，则是诗情。由画面上无根的牡丹，联想到了传说中的仙桂，怀疑这是嫦娥在月宫中栽植而成，将画面的实景和想象的虚境结合起来，形成了令人遐想、引人回味的诗外之意。

黄庭坚作《次韵黄斌老所画横竹》："酒浇胸次不能平，吐出苍竹岁峥嵘。卧龙偃蹇雷不惊，公与此君俱忘形。晴窗影落石泓处，松煤浅染饱霜兔。中安三石使屈蟠，亦恐形全便飞去。"前四句写画家作画的缘由。由于作者胸中多有不平之气，画如其人，他笔下的竹子如龙盘旋，是画家沉着安静、遇雷不惊的风采体现。画面苍劲古朴，气势浑雄，人与竹融会无间。最后说画家似乎担心形如卧龙的竹不受束缚就会自由地飞走，特意在画中安置三块石头，把竹子压得盘曲倒伏，体现出画作的匠心独具与构图巧妙。

黄庭坚《题竹石牧牛》言："野次小峥嵘，幽篁相倚绿。阿童三尺棰，御此老觳觫。石吾甚爱之，勿遣牛砺角。牛砺确犹可，牛斗残我竹。"画面上牛与石的对立，引起了作者的兴趣。他把牛和石比喻为当时激烈的党争，期望不要两败俱伤，而应该放下剑拔弩张的分歧，共理国政，劝牛和石都退让一步，不要因为争斗伤了新拔节的竹子。

王安石写《梅花图》："墙角数枝梅，凌寒独自开。遥知不是雪，为有暗香来。"在赞美画家画艺高妙的同时，也关注到画家致力于刻画墙角梅花的耐寒风骨，赞美了画面中梅花高标傲世、暗香浮动的独特风韵。这幅白梅图的气韵生动，使王安石联想到现实生活中的梅花，由画轴内无香无味的物象想到了梅花盛开时的幽香四溢。这种通感，既得力于诗人艺术感觉的敏锐，也在于画面形象的启发，使平面的画页中蕴含着立体的、丰富的诗境。欣赏王安石这首梅花诗，不仅能看到画中寒梅的独特风姿，领略了梅花凌寒怒放的风韵，也读出了画家与诗人对梅花傲对严寒、一吐芬芳的赞美。

元代陶宗仪也有《题画墨梅》："明月孤山处士家，湖光寒浸玉横斜。似将篆籀纵横笔，铁线圈成个个花。”前两句借北宋诗人林逋《山园小梅》的“疏影横斜水清浅，暗香浮动月黄昏”，赞美画上墨梅的生动；后两句说明画家运笔技巧的高超，得益于运用写篆籀的那种瘦挺圆劲的笔法。不仅写出了画面的情形，而且运用比喻道出了新奇瘦硬的艺术观感，使我们体会到画面上墨梅的铮铮傲骨，立体可感，掷地有声。

元代杨载的《题墨竹》言：“风味既淡泊，颜色不斌媚。孤生崖谷间，有此凌云气。”先状竹之神韵，又言墨竹风神清淡，喻指自甘淡泊、不媚权贵的守志之士。由画面构图布局联想到竹的精神品格，说尽管竹子立于崖谷之间，依然挺拔向上，孤高自信，志向远大。明代刘基的《题墨梅》：“夭桃能紫杏能红，满面尘埃怯晚风。争似罗浮山涧底，一枝清冷月明中。”以桃杏反衬，突出梅花傲寒独立的品质，以抒发甘于寂寞、保持高洁、不尚荣华的高洁襟怀。

花鸟画的一枝一花，一鸟一蝶，寄托着画家对春花秋月的欣赏，对刹那间美好的体悟，寄托情怀，书写情志，使得花鸟画看似简单的构图中，蕴含着方寸见天地的勃勃生机。

山水意境

庄子用山林皋壤来寄寓隐逸之思，山林便成为中国文化中高远情怀、拔俗之气和隐逸之志的象征。西汉淮南小山作《招隐士》，描写隐士们在山林间的生活。汉魏多言仙人们寄居山林之中，往来天地之间，遥远幽深的山林，顿时成为士大夫寄托远遁情结之所。

中古时期山水诗的兴起，使山林成为隐逸的象征。在山水诗的浸润下，山水画也越来越注重意境之美。

唐代韦庄的《金陵图》，写其看到描绘金陵雨景的山水画的观感："江雨霏霏江草齐，六朝如梦鸟空啼。无情最是台城柳，依旧烟笼十里堤。"画面景色迷蒙，色调凄美，经历了世事变迁的韦庄，看到六朝时的江南的旖旎，感慨那些繁华早已消失在历史的风雨中，只有袅袅的柳丝依旧披拂，觉得画中充满了世事沧桑之感。

北宋后，山水成为文人画的主要题材，在于山水间能寄托画家的隐逸之趣和脱俗之思。《林泉高致集·山水训》说，山水画能寄托林泉之志、烟霞之侣，欣赏山水画，不下堂筵，便可坐穷泉壑。画中猿声鸟啼，依约在耳；山光水色，依然夺目。山水意趣可以消除尘俗生活的倦怠，让人寄托出世之思而放下心头的俗念。

黄庭坚在《题宗室大年画二首》中写道:“水色烟光上下寒,忘机鸥鸟恣飞还。年来频作江湖梦,对此身疑在故山。”也是面对山水画而生出世之想。当时,郭熙画了一幅《秋山》,苏轼欣赏后作了一首七言古诗,黄庭坚依原韵次序和了一首,题名《次韵子瞻题郭熙画秋山》:“郭熙官画但荒远,短纸曲折开秋晚。江村烟外雨脚明,归雁行边余叠巘。”言郭熙山水画的传神处,在于能够画出山水的荒旷杳远:将霁未霁的雨色,渐远渐淡的山色,若沉若浮的流岚,若远若近的秋雁。黄庭坚观察到雨烟与山川、雁行与层峦之间的明晦对比而形成的缥缈之景,不仅真实再现了《秋山》的意境,而且揭示了郭熙的创作风格,体会到其中思归故里的心绪。

画中有诗

中国绘画讲求意在笔先，注重意到笔随，笔笔传神，强调看似随意的笔触，要具有无限的情趣和韵味，在浓淡变化中形成隽永悠长的意味。

这要求画家不仅要能够熟练地创造意境，充分抒发情感，而且在构图、布局时要能够用呼应、虚实、疏密、开合、起伏、繁简、聚散体现出独特的匠心，创造出饱含艺术真意的作品来。

很多绘画作品已经失传，我们可以通过当时的题画诗来欣赏其中的诗情画意。诗人欣赏绘画，更能在景物、情感之外，品味出诗歌与绘画的共同美感，揭示出画卷中的真意，找到二者在艺术最高层次上的共通性。

柳宗元的《江雪》："千山鸟飞绝，万径人踪灭。孤舟蓑笠翁，独钓寒江雪。"借江雪无边来抒发抑郁的心绪，借渔翁独钓来寄托孤傲的情怀。南宋马远据此绘制了《寒江独钓图》，仅画了一叶扁舟，几道水波，一渔翁船头独钓。画面四周不着墨迹，使人联想到江面的空旷，人在画面中央，更突现出一个"独钓"的意趣。观者并未觉得画面空虚，反觉江水浩渺，寒气逼人，那空白处总有一种令人难以言传的意趣，空疏寂静中似乎可以听到钓者的心声，萧条淡泊中全是傲岸不羁的孤独感。马远体悟到柳宗元的孤独与高傲，只留下一个孤独的垂钓者，摒弃了可以寄情的山水树木，把诗歌中的孤独淋漓尽致地传达了出来。

邓椿《画继》记载，北宋画院常以诗句为题考核画家。寇准《答白刑部》："野水无人渡，孤舟尽日横。"画院以之为题考试，很多画家都绘空舟系于岸侧，或者写鹭站于舷间，或者写乌鸦栖于篷顶，只有一幅画画撑舟人卧于舟尾，横一孤笛，被取为第一。因为画家巧妙把握住了野渡无人的空寂感，把野渡无人所体现出来的意趣准确地传达出来。

还有一次用"踏花归去马蹄香"为试题，许多画家都画在归马的去路上，落满花瓣，随风起舞。只有一个画家没画花瓣，画的是夕阳西下，一位英俊少年骑骏马奔驰，马蹄高高扬起，一些蝴蝶紧紧地追逐着。用蝴蝶的追逐翻舞，来暗示马蹄的香。

李唐画"竹锁桥边卖酒家"也是佳话。宋徽宗以此诗为题考试，许多人既画了成片的竹林，又将卖酒的小客店画得很细致真实。李唐则画了一座小小的木桥，桥边竹林外，挑出了一个酒招子，上面写一个"酒"字，却不见酒馆。这样处理，酒家隐于竹林，生动地画出了"锁"的意趣。

晁补之在《和苏翰林题李甲画雁二首》之一中言："画写物外形，要物形不改。诗传画外意，贵有画中态。我今岂见画，观诗雁真在。"不是仅停留在对画面意境、情感的描述上，而是讨论李甲所画大雁图中蕴藏的艺术哲理。他用"诗传画外意，贵有画中态"，赞美画中的诗意，认为画家把握住了形与神的关系，使大雁栩栩如生，寄托了高蹈凌云的志向和不畏霜寒的洒脱。

晁补之的题画诗有十五题二十七首，多揭示画中意趣，用诗情写画意。《自画山水留春堂大屏题其上》:“胸中正可吞云梦,盏里何妨对圣贤。有意清秋入衡霍,为君无尽写江天。”写尺幅千里,在于画家胸中自有江天图景。《酬李唐臣赠山水短轴》中言:“张颠草书要剑舞,得意可无山水助。”艺术的高妙之处在于能够得意而忘形,方能传神,让人忘却自然存在的山水,而能在画面之中寄托更为精妙而幽深的意趣。

景物是睹而得之的,人人能够看出;情感却体现在景物选择、画面布局、笔法运用、墨色协调与气韵流动中,需要高度的艺术敏锐才能体味出。这些题画诗的作者,不仅通过画面读出了画家的喜怒哀乐,还升华了主观情绪,融合自己的身世之感和现实遭遇,使得画意因为诗情而得以彰显。

石涛的题画

石涛的册页，画面简单，多写水乡、野景、山海、云烟、荷塘、瓜叶、孤鸟等，形式不拘，信手拈来，却形态生动，富有情趣。

他在《题画山水》中高度概括了他在绘画中追求的艺术意味："邱壑自然之理，笔墨遇景逢源。以意藏锋转折，收来解趣无边。"言画家要不断观察自然万物，去体悟自然规律，将天地万物纳入胸怀，化为意象。日积月累，不断丰富充实，然后运笔用墨，左右逢源，自由创作。这种充溢在胸中的力量，使画家以意接物，笔随心转，打破了物我界限，激发了灵感。

石涛绘画，不是来自于临摹传统的名画，而是直接来源于自己的观察，其画面所表现的山、水、树、人，直接取材于当时社会，观之自然亲切。他能注意房屋的块面与山石林木的线条之间的对照，寥寥数笔，形成新颖多样的画面，让房屋和山水一样，成为人生的栖居地。而不是像此前山水画中的小屋，只成为山林的装饰，从而使得山水画更接近日常生活，而不是在远山深壑之间寻求高蹈。

石涛所绘的树木，或风姿绰约，或斜卧不屈，或苍翠浓郁，或杂树成丛，淋漓尽致地展现了自然的无尽风情。石涛强调师法自然，注重用笔墨技法来形成画面趣味，皴法或粗或细，用墨或浓或淡，线条时密时疏，点苔时大时小，形成富于装饰意味的风格。

他的题画诗，正是对这种意趣的渲染。在很多册页上，石涛直接用诗句点明画面意境，如：

主人门不出，领略一庭秋。
窗中人已老，喜得对梅花。
船窄人载酒，岭上树皆酣。
秋老树叶脱，林深人自闲。
谁从千仞壁，飞下一舟来。
竹深人不到，树老蚁为窝。
采菱未归去，童子立荆扉。

这些小诗配合着简单的山水小品，很容易体会到画面浓郁的诗意。

诗有诗情，常需意境来深化；画有画意，多借诗歌来生发。诗歌的局限在于易抒情而难绘景，即便形成一定的意境，却仍需要读者自己去体悟、去感知，需要经过想象才能发现其中所描绘境界的高下。绘画的内容却能使人视而可识，但其局限在于容易形成境界却很难传达画外的情绪、意旨。

尽管画家常常饱含情感去创作，但画面毕竟有限，不能传达出作者更为深入曲折的内心世界。而诗则可以借助画中的形象，可以通过囊括画面意趣，传导出画面之外的审美感受。题画诗恰巧可以弥补二者的不足。石涛在一幅山水册页上言诗情画意："一水菰蒲绿，半天云雨清，扁舟去远浦，可遂打鱼情。"写雨后野渡，云低水清，扁舟悠悠，人心旷远，描述了画面意趣，写出了自己的愉悦感受。中国画所追求的象外之趣、画外之旨，正是强调通过有限的形象激发无限的想象，使观者体悟到画面之外的意态与神采，从形象之外获得对时空观的认知与把握。诗与画，在超出象外的艺术境界处顾盼生姿，牵手而行。

一枝一叶总关情

张式在《画谭》中讲："题画须有映带之致，题与画相生相发，方不为羡文。乃是画中之画，画外之意。"肯定了题款与画面的交相辉映，在于题诗能够更为精妙地传达出画面中的情思。郑思肖作《画菊》："花开不并百花丛，独立疏篱趣未穷。宁可枝头抱香死，何曾吹落北风中。"其作为南宋遗臣，宋亡后隐居不仕，所画兰花根不着土，后世称为"无土兰"。人问其故，郑思肖回答道："现在连立足之地也没有了，你让我的兰花到哪里生根呢?"他在《墨兰图》中，寥寥数笔画出兰叶双蕾，笔触内敛含蓄，兰草劲挺硬朗，气格高洁清俊，而所题诗歌则表达隐居乡野的操守："向来俯首问羲皇，汝是何人到此乡？未有画前开鼻孔，满天浮动古馨香。"如果《画菊》用菊花凋而不落，象征宁死不屈的孤傲情怀；《墨兰图》则以兰花的孤芳自赏，寄托自己的清高精神。有了画面题诗，我们才能确切知道作者的笔力与用意。

题画诗以诗情写画意。苏轼《木石图》的题诗："空肠得酒芒角出，肝肺槎牙生竹石。森然欲做不可回，吐向君家雪色壁。"以竹石的古朴倔强，象征桀骜不驯的心境。沈周的《题〈山水〉轴》："秋来好在溪楼上，笔墨劳劳意自闲。老眼看书全似雾，模糊只写雨中山。”写自己独立高楼，面对秋景而有创作冲动，老眼昏花，正好描写窗外迷蒙的雨境，诗的开朗乐观与画面的清闲淡泊相映成趣。

沈周《桃源图》，倘若只欣赏绘画，觉得画家是寄情世外桃源，向往归隐。阅读题画诗便可发现另有深意：“啼饥儿女正连村，况有催租吏打门。一夜老夫眠不得，起来寻纸画桃源。”所画的不是闲适中的理想，而是强烈的愤世嫉俗。他听到了百姓的啼饥号寒，看到了胥吏催租打门，彻夜难眠，披衣而起，绘制出这幅图卷，以桃花源来表达祈盼和谐、怡然的生活，画面恰是现实的反衬。

八大山人朱耷为明皇室后裔，明亡后出家，不与清朝合作。当时很多士人纷纷投奔清政府，以求富贵。他画了《孔雀》以表达讽刺之意，画面上有一层石壁，石壁的底部垂着竹叶与牡丹，在一块尖而不稳的石头上，蹲着两只丑陋的孔雀，尾巴上有三根难看的花翎。空白处题：“孔雀名花两竹屏，竹梢强半墨生成。如何了得论三耳，恰是逢春坐二更。”朱耷用“三耳”来讽刺察言观色、专事奉承的奴才，并用孔雀尾巴上三根花翎，映射靠溜须拍马得到高官的奴才，二更就去等候皇帝五更上朝。摇摇欲坠的石头，暗示清朝的江山并不稳固。

金农喜画蔬果，他的蔬果册页，常有短诗相配。其中一幅画三只山芋，一大二小，分置左右，笔法疏落，浓淡相间。题为：“雪夜深，煨芋之味何处寻？啖一半，领取十年宰相看。”巧妙地表达了萧散意趣，写出了淡泊的人生态度。

金农题在《梅子》册页上的诗句，常把画意引申到画外：“江南暑雨一番新，结得青青叶底身。梅子酸时酸不了，眼前多少皱眉人。”紧扣画面形象写梅雨时节，梅子繁茂新鲜，叶片掩映，果实累累。三四句一语双关，既说梅子之酸令人皱眉，也说生活之酸，令多少人愁苦满怀。构思巧妙，在平淡中蕴含着深厚的生活思考，深沉含蓄，耐人寻味。

题画诗由画生发，借画抒情，利用画面形象，随意点拨。因画入诗，以诗明画，借画咏怀，以画明志，相得益彰。中国绘画讲求"一枝一叶总关情"，画面上看似独立的山峦，幽深的山泉，开阔的江面，含苞的花蕾，似乎是客观存在，却总被画家赋予某种象征含义，成为一种有抒情意味的形式。

文人画

北宋熙宁、元丰之际，苏轼、黄庭坚等倡导文人画，促进诗与画的融通。苏轼言："离画工之度数，而得诗人之清丽。"使画中有诗几乎成了评价绘画优劣、雅俗的重要尺度，有形诗，无声画成为一代风气。

苏轼在《书鄢陵王主簿所画折枝其一》说："诗画本一律，天工与清新。"言诗歌与绘画有着同样的内在要求，都崇尚天然工巧的艺术趣味，都追求清丽新颖的艺术境界。他在《书晁补之所藏与可画竹》中又说："与可画竹时，见竹不见人。岂独不见人，嗒然遗其身。其身与竹化，无穷出清新。庄周世无有，谁知此疑神。"说文与可画竹时，能够保持空静的心态，达到忘我的境界，屏神凝气，与竹同化，才能画出清新的竹子。将诗与画共同的创作机理作了生动概括。

元代汉族士大夫受到压抑，富于艺术造诣的诗人、画家，常常借用画面题诗来抒写郁闷的心理和消极的心态，诗因画而生气勃然，画因诗而意味十足。元代以后的绘画，题诗之风日盛，几乎每画必题，所题诗歌因情挥洒，自由不拘。

董其昌《画禅室随笔・评诗》说："诗以山川为境，山川亦以诗为境。”言诗情和画意都浸透着艺术家对外物共同的体验，是生命体验的外化，诠释着天地共通之道，都透露着共同的审美感受。

司空图的《二十四诗品》虽然是讨论诗歌的境界，却展现了二十四幅生动形象的画卷。如《清奇》：“娟娟群松，下有漪流。晴雪满竹，隔溪渔舟。可人如玉，步屧寻幽。载瞻载止，空碧悠悠。神出古异，淡不可收。如月之曙，如气之秋。”描绘松林清幽、流水潺潺、雪中修竹、溪中泛舟等意境，概括诗歌的风格。

黄钺的《二十四画品》，通过诗的语言来展现画的意趣。如《神妙》：“云蒸龙变，春交树花，造化在我，心耶手耶。驱役象美，不名一家，工似工意，尔象无哗。偶然得之，夫何可加。学徒皓首，茫无津涯。”打通了诗歌与绘画之间的界线，诗的风神情韵，皆可以外化为一幅幅灵动的画卷，图画的神采气韵也可以外化为一首首动听的诗歌。

中国诗歌通过直观的画意来构成艺术境界，绘画也同样通过浓郁的诗情展现出令人无穷涵咏的韵味。二者妙合无垠，既可以使画家超越空间的限制，自由地拓展艺术空间，形成超越画面的表象特征，揭示事物的审美意蕴；又能使诗人把想象境界物化，将生动饱满的意境转化为立体可感的形象。

潘天寿曾说：

> 依我看，诗画是同源的，是姊妹的关系。因为它俩所表现的都是客观的形象、体态的变化，以及美丽的色彩、韵致、情味等。经过意识的思维、艺术的处理，用画的色彩和诗的语言而完成诗和画，前者是用文字来表现，后者是用笔墨和颜色来表现罢了。（《诗与画的关系》）

中国诗歌情景交融的艺术特质，在绘画的意境中得到了延展；绘画的情韵、意趣和神态又在诗歌中得以升华。诗含蓄着画的情愫，画蕴藏着诗的精灵，殊途同归，相互提携，提升了中国古典艺术的审美格调。

第六辑

光与影

摄影的艺术尺度

艺术的提炼要用减法。

随着旅游业的发达，摄影家拍摄的景物越来越多地为大家所见，不能再作陌生化的处理。缤纷多彩的外景如何选择？那就是要拍令自己感动的东西，要把与自己表达无关的东西从镜头中剔除出去，从物象中选择一些能打动自己的东西，才能感动别人。我们要思考的不是要拍摄什么，而是不拍摄什么。只有物我交融，外在的景致才能成为自己的景致，才能独树一帜。

意境的建构要用除法。

自我是分母，自我越凸显，有我之境越鲜明。让自己与万物息息相通，自然界的一草一木都染上自己的情感色彩，这就使得眼中的山水，因心情的变化而气象万千。相反，自我越淡然，表达的便是无我之境，是自然客观的静穆之美。有心而不用心，有情而不用情，便是自然大美的真切映照。放下自我，便拥有了整个宇宙。自我的出与入，像分母的变化，就使得同样的山川变得多彩多姿，与众不同，成为自己的精神写照。眼中的丘壑与心中的气象结合起来，物我交融，才是气象万千的大美。这样的风光，从不会雷同；这样的景致，无时不新。

韵味的形成要用加法。

要在形象之中增加令人回味无穷的东西，要使画面和诗歌耐看、耐品、耐记。要追求景外之景、韵外之韵，画面能给人一种无限延展的感觉：看到的是山水，体会到的是整个宇宙的生机；读到的是诗句，感受到的是人类的文化积淀。好的作品，常常在追求景象之外的深厚蕴涵，使我们在山水之中，看到宇宙吞吐、天地浑茫之美，有无相间，虚实结合，给人以无限的遐想空间，游心于自然变动之间。

底蕴的积淀要用乘法。

任何艺术创造都来自作者对人生的理解，有什么样的作者，就有什么样的作品。说到底，艺术的表达，不是技巧的累加，不是景致的选择，而是作者全部人文底蕴的外化。艺术最高的层面，比较的不是技术，而是人的德行、修为与格局。增加自己的艺术积淀、文化修养、德行情操，就会在艺术创造中发挥倍增的效应。放弃形似，就避免了匠气。追求神似，就能形神并举。物我妙合无垠，息息相通，方能达到知其妙不知其所以妙的"化境"，悟对神通，通于神明，才是艺术创造的极致。

好的艺术创作来自大格局，出于大气象，成为大情怀。中国的名山名水，是中华文明在几千年的历史传承中形成的，浸润了中华民族的情感寄托，赋予了中国人特有的审美意味。当代的风光摄影，正是要把西方形成的摄影技术与中华民族的审美情趣结合起来，去表达中国人自己的山水风光，表现中国人自己的精神气质，这就需要我们充分借鉴西方摄影的技法，继承中国传统的审美格调，创作出具有中国气派、中国风格、中国精神的艺术品。

只有这样，山水才是中国的山水，摄影才是中国的摄影。当代摄影家要直面天地宇宙,用摄影的规律,选取山水之美,形成独具时代特色的山水摄影,建立起熔铸中外、超越古今的新的风光表现手法,形成符合当代审美情趣和意味的风光摄影。如果我们能这样做的话,中国当代的摄影家,必然能在摄影史上创造一个新的时代;中国的山水,通过摄影家的选择和提炼,也必将显得更加丰富多彩。

影画合璧

摄影技术的瞬间纪实功能，与西方艺术重视写实的传统是一致的，因而西方摄影艺术首先强调摄影的现实性，强化其写实风格。特别是伴随着 20 世纪新闻传媒的发展，影像被广泛用于报纸、电视和网络，摄影的写实功用和记录功能得到了全面的拓展。伴随新闻传媒而来的对人类共同命运的关心，又使得摄影作品更关注于对人类活动的阐释和反思。这就使得西方的风光摄影，逐渐摈弃了浪漫画风，越来越重视纪实风格。特别是安塞尔·亚当斯，其用风光摄影来呼吁社会关注环境保护，摈弃了追求画意的风尚。在他的努力和影响下，纪实风光、理性思考和人类主题逐渐融合，成为 20 世纪后半叶西方风光摄影的新风尚。

以中国画的审美情调或者艺术追求去摄影，是 20 世纪中国风光摄影的总体追求。中国摄影，一开始试图把中国绘画艺术理念与传统美学融入现代摄影技术，朗静山开创集锦法，以中国画的技法来表现自然山水之美，陈复礼直接走入自然，努力用中国画意来表现山水风光，使得中国山水摄影摆脱了“作画”的时代，成为具有独立审美的摄影艺术。

郎静山先生的集锦法，是用山水之景来作画，他承认摄影是真实的，肯定所摄之物必定是真的，但他更强调摄影画面的“善”和“美”。这里的“善”，就是要强调摄影主题的正面引导作用，而“美”，则是强调构图、形象要具有美术意味。因此他通过暗房技术，将所摄的不合乎“善”和“美”部分裁掉，把不同底片上最好的部分组合起来，通过冲洗、剪裁、放大，使之形成一幅幅“有意味的形式”。郎静山在其《摄影作品专刊第二集·自序》中说：“余之摄影，多取法于吾国绘事，……如集锦照相，多依吾国绘图理法为之，即将各底片之局部于放映时接合为一，使成为理想之境地。”郎先生的摄影，是通过摄影取得素材，然后用中国画理来审视这些素材，通过多张底片的拼接、剪切、组合，形成充满中国山水画情韵的风光摄影。

他在《集锦作法》中总结道：“故其远近清晰，屡次井然，集锦照相亦本此理，于尺幅中可布置前景，中景，远景，使其错综复杂，幽深雄奇，匪独意趣横溢，且可得较优之透视也。若以画面章法而论，景物之宾主、揖让、开阖、本原、驱使、行列，均需各得其宜。”其代表作《春树奇峰》《烟波摇艇》《芦岸轻舟》《晓风残月》《雁荡芦鸣》皆如此。这种创作方法，从某种意义上说，是用摄影技术来作中国画。其价值在于，迅速实现了西方摄影艺术的中国化，为中国摄影艺术的发展作了基础性的铺垫。但郎先生的摄影重意境、师古法，在形式、题材、主题、意趣上取法国画、诗词，难免给人一种熟拟的感觉，如他的《松荫高士》，便是模仿南宋马麟的《静听松风图》；他的《竹枝》一帧，裱以黄绫，题为“板桥画本”，追求郑板桥的画意。

从摄影的角度来讲，郎先生的作品是局部写实、整体写意，通过暗房技术完成作品画面的重构。其忽略摄像再现、写实、记录功能，注重表现，是当时沙龙摄影的创作倾向，也是摄影艺术形成之初不可逾越的阶段。由此而形成的风光物象，与其说是用中国画理来摄影，不如说是用摄影技法来作中国画。一个人可以超越他时代的所有人，但不能超越他所处的时代。郎静山先生的缺憾，在陈复礼的创作中得以弥补。

陈复礼言："中国文学特别是诗词歌赋对我很有影响，的确深化了我的创作思维。如果说我有所创新，主要是我的作品结合了诸般中国艺术因素，把外来的摄影技艺表现得很中国化；而且既写意，又发挥了摄影最突出的特性——写真。"[1]在他的创作中，最具有代表性的"影画合璧"便是采用摄影选取画面背景，邀请著名画家在照片上补充、点染出鳞羽、人物。如陈复礼拍摄出浩瀚大漠，由吴作人以墨笔点出几匹骆驼；摄出古树乱枝，由李苦禅补画老鸦。陈复礼先后与古元、李可染、李苦禅、黄胄、刘海粟、华君武、关山月、启功、何海霞、黄永玉等著名画家合璧创作出数十幅作品。

陈复礼所进行的"影画合璧"创作，在于他认为风光摄影一定要写实与画意互为经纬、各取所长。在他看来"提倡风景摄影，实在不能不重视中国画的传统。……奇诡秀丽的山川不知凡几，经过千多年来历代画家的刻意经营，在山水和风景创作方面，已经发展到了高深的境界。所以，从事风景摄影，而不考虑到中国画的创作方法，将是莫大的损失"。因此，他在摄影中，充分借鉴中国画注重色调运用、讲究空白布局、采用散点透视的特点，从而使得他的摄影作品，充满诗情画意。如《秋江水冷鸭先知》，江水倒影出苍翠的寒意，枯树斜卧，黄叶稀疏，用红白颜料点染而出的鸭子，散浮在

〔1〕蔡萌、陈复礼：《徘徊于雅俗之间：陈复礼访谈》，《中国摄影家》，2008年第2期。

宁谧如镜的水面，下有黄永玉的题字，诗书画印合璧，俨然一幅完整的山水画。他的《达摩观云》，也是先拍摄出山气苍茫，佛寺古朴，由范曾先生在崖边点画出达摩形象，再题字用印。

对于画意摄影，晚年的陈复礼先生道出了初衷："'影画合璧'是一种独特形式，有创新的因素，也有借比摄影发展得更加成熟的绘画之长为摄影'点睛'的作用。"在摄影艺术自身的艺术规范确立之前，借鉴绘画的创作经验和审美情调来构图、布景，有助于摄影艺术的迅速成型。但陈先生也意识到"摄影始终要走发挥自身特性的道路"，因为，在模仿绘画的过程中，摄影自身的审美特征被削弱，摄影艺术在某种程度上只是成为作中国画的一种手段。尽管可以创作出具有中国风格的摄影作品，但却不完全是按照摄影自身的规律来创作。这种源自摄影沙龙，多次组合、补充完成的摄影作品，从根本上忽略了摄影瞬间纪实的功能，形成了至今仍无法消除的后期拼组、技术修改、摆拍成像的沙龙模式，都是用剪裁作画的手法来摄影。

郎静山和陈复礼两位先生用中国画法来做摄影，为摄影艺术的中国化作了基础性的铺垫。但中国画与西洋画有着质的差别，就在于前者追求神似而后者重视形似，前者重视写意而后者重视写实，前者重视线条的使用而后者重视块面的使用。而摄影艺术，是通过瞬间成像，以写实为创作基础，以色块形成画面的肌理，尽管可以通过技法去变型、去象征，但其基本画面来自于真实的存在。

摄影有自己内在的艺术尺度，这就需要我们在摄影创作时，不能抛弃镜头瞬间写实的特点，而通过后期艺术加工进行合成。单纯依靠作中国画的方法去摄影，可以使摄影染上中国情调，在"形式”上具有中国风格，却常常失去摄影艺术的真实性，其所形成的唯美观感，缺乏现实感和真实性，减弱了当代摄影所追求的人文理性、现实关照和人类思考。这就要求我们中国当代的风光摄影，既要吸收中国画的结构章法、也要尊重西洋画的光色透视，按照摄影艺术自身的规律，超越国界和文化，开辟出一条融合古今、沟通中外的摄影技法来。

风光摄影

从艺术的角度来看，风光摄影需要充分借鉴画意，充分运用构图、色调、光影来形成美轮美奂的艺术境界，展现自然美景，陶冶人的情操。但过于追求形式的美，很容易忽略内容的真实、主题的深刻和底蕴的深厚，形成一种"为艺术而艺术"的倾向。这种倾向的极端，是为了追求摄影效果的唯美观感，通过滤镜、广角、焦距、光量的变化，形成令人炫目的视觉形象。

由于过分重视艺术摄影的装饰效果和美化意味，所拍摄出来的作品，与现实生活的感觉存在一定的差异，遮蔽、缩小或者放大了很多细节，不宜于传达真实、真切的信息。

只要比较影楼里的艺术照和现实的生活照，就能体会到艺术摄影和写实摄影之间的巨大差异。艺术的风光摄影所追求的形式美，或许很符合美术的规律或美的创造，但却不一定符合客观现实的存在形态。或者是一种提纯，如郎静山的集锦画法；或者是一种补充，如陈复礼的影画合璧；或者是一种表演，如以前的摆拍等，尽管画面完美，但却不是真实而自如的艺术形态。过分追求形式的艺术摄影，缺少对客观物象内在的骨力、神韵、气质等精神层面的表达，所导致的弊端必然是"甜水"般的感觉，缺少可以深刻品味、反复涵泳的内在底蕴。

从纪实的角度来看，风光摄影必然要直面现实生活，充分体察自然风景、人文风光的内在特征，不是从表面去寻找一些光怪陆离的细节、片段和光影，而是要充分体验自然风景中潜藏的生机、活力，去冷静观察那些为人们所欣赏、留恋的自然美景之中深藏的审美底蕴，去思考自然形态变动背后的人文因素，从人类理性的角度去反思人与自然的关系。

从理论上说，作为纪实的摄影，只能表达一定时空内的存在形态和现实环境，即瞬间的、此地的真实存在。这一存在具有深刻的历史、文化和哲学内涵，能够见证或者代表一个场景、一个时刻、一个事件。这样的纪实作品，因其独特性和典型性，可以成为永恒的经典。但摄影师在拍摄时，不是去寻求画面中超越时空的永恒性，而是突出“此时此地”的深刻性和独到性，把镜头作为传递时代关注、人文思考和人类理性的窗口，让阅读作品的“在场外”的读者能够随着镜头，到一个个陌生的环境去体察自然的深邃，或者在一个熟悉而不常留意的场景中去反思人与自然的冲突、对立或者和睦。

由此可见，纪实摄影与艺术摄影的最大差别，在于前者强调刻画在一定时空之内的人文或自然的典型性、独特性，意在追求摄影作品对人类进程和人类行为的记录功能，关注“此时此刻”的存在，从现实的、历史的层面去记忆。而后者则着力寻找超越时空的一种永恒美感，把人类古今共通、中外共赏的自然之美、人文之美表达出来，从艺术的、哲学的层面去表现。

2007 年美国芝加哥当代摄影艺术馆举行的以《沉重的风景》命名的摄影展，展出了 12 位摄影师的纪实性风光摄影作品。这些作品摈弃了对自然景观甜美、庄严和永恒感的表达，着力追求摄影在一定时空之内对历史的记录与阐释。20 世纪 30 至 40 年代，安塞尔·亚当斯、保罗·史川德、爱德华·维斯顿等所开创的纪实风光摄影，终于成为当代风光摄影的主流。美国摄影界完成这一转型的漫长，就在于摄影艺术告别画意的过程过于缠绵而艰辛。

幸运的是，相对于艺术摄影，纪实摄影已经有意识地在告别艺术摄影所追求的画意，去按照摄影技术瞬间成像的特性，形成独具表现特性、审美价值的艺术形态。陈复礼先生也说："继承传统不是保守传统，要发扬它。对画意摄影不能死抱住不放，要发展它，创造一种适合中国国情的新形式。"我们当代的摄影，要充分吸收视觉艺术（如绘画、雕塑）和形体艺术（如舞蹈）等与摄影相通的造型、构图、色彩、线条、动静、块面等艺术养分，丰富摄影的表现，因为在最高层面，艺术的各个领域都是相通的。

但同时，要意识到摄影与其他艺术的最大不同，就在于摄影不能按照自己的意愿去组合景物，其拍摄瞬间是无法复制的，这就要求作者要有明确的时空感，意识到每次快门的独一无二，能用纪实的习惯来审视风光，能够用艺术的视角来记录时空。在摄影的最高层面，纪实摄影与艺术摄影殊途同归：艺术摄影因为注重艺术表现，更能吸引人、感染人，使读者在现实关注中生发审美感受；纪实摄影因为纪实功能，更能引人深思，令人感悟，使读者在艺术愉悦中增强认识、增深教育、增大启迪。

因此，真正意义上的风光摄影，必须走出缺乏现场感的后期加工和缺少时空感的摆拍造型，唯其如此，摄影才能摆脱绘画，成为一门独立的艺术。这就要求摄影家，一要精通古今中外的艺术基本规律，能够从艺术表现的角度去观察客观现实，能够用符合艺术规律的技法瞬间去记录生活，速成一幅幅具有艺术审美价值的摄影作品；二要具有深沉宽广的人类关怀，能够结合时代精神和人类理性，去思考现实的矛盾、人类的痛苦和社会的冲突，随时能从现实中选取典型的场景和独特的视角，以惊心动魄的深刻感和无法复制的历史感，引发人们的关注和反思；三是要洞悉摄影语言，了解摄影区别于其他艺术门类的差异，能够就表现对象的不同，有效利用感光的明暗对比、镜头的拉伸延展、视角的侧逆俯仰、曝光的快慢长短，从纷纭复杂的现实生活中抽取出最适宜摄影表达的时间和空间，抓住拍摄对象的神髓、精神和气质，加以表现。

当代中国摄影，要走出一条新路，摄影家和评论家必须共同努力。摄影家要不断提升自身的艺术素养，掌握摄影艺术的特征，能够用人文的眼光去欣赏自然，用理性的精神去审视风光，唯其如此，才能体察天地之大美、时代之精神、人类之发展。评论家也要能洞悉艺术的深层规律，不被表面的是非曲直所困惑，鞭辟入里地分析摄影艺术的得失，引导、规劝或帮助摄影家，与他们一起明辨是非，总结经验，寻找到一条适宜中国风光摄影发展的道路，与当代西方摄影一起，不断提高摄影的技术，不断加深摄影的内涵。

这是世界风光摄影的发展方向，也是中国摄影的必由之路。

摄影的人文性

那么，如何把个人的渺小和宇宙的浩淼贯通，折射东方的历史和哲思？如何贯通中西艺术，探索独特的摄影规律？如何兼顾写实与画意，形成全新的摄影语言？如何融合再现与表现，确立允厥执中的艺术法则？如何处理瞬间和永恒的关系，总结出穿越时空的影像表达？这些是当前摄影家应该自觉自省的努力方向。曾在中国美术馆展出的刘海星的《大美中国》的风光摄影，正是直面这些艺术命题，从人文关怀的视角切入，开创了一条富于启示意义的风光摄影之路。

何为人文？人文就是历史思考和文化积淀。人文视角，是指站在人类理性的角度思考自然风光，从人与自然的关系来审视人类的活动和自然的形态，进而用可以感知的、动人的画面语言表达出来，使人在直观的、震撼的影像前，沉思当下，反思历史。例如《舞蹈》，干枯的胡杨，因为蓝天的纯净，显得更加奇崛；也因为其他树的枝繁叶茂，显得更加沧桑；还因为脚旁倒下的枝桠，显得更加倔强。有阳光的温暖和碧空的映衬，胡杨却没有走出死亡的轮回，它扭曲的枝干和不屈的身影，是在舞蹈，还是在抗争？仿佛远古将军不甘命运的浮沉，向苍天发出呐喊；又似乎倔强生命对无情沙漠侵蚀的奋力抗争。通过胡杨的铮铮风骨，我们似乎听到了远古铁骑的风驰电掣，体味到了生命的尊严和伟岸，不由得思索是自然损害了我们？还是我们损害了自然？摄影所追求的瞬间性，记录的是物象在不同时空的观感，“横看成岭侧成峰”，表现的正是不同摄影家在“此时此地”的观察和思考，这是形成摄影创作个性的前提，只有如此，才能形成多彩多姿、风格迥异的摄影艺术。但这种瞬间性是否具有历史穿透力，是否能成为经典的作品，取决于摄影家是否能够捕捉到客观物象的精神气质，发掘出潜藏在物象深处的具有历史价值和普世情怀的内在底蕴。一叶知秋，以瞬间记永恒，一斑窥豹，以再现为表现，尺幅千里，令人浮想联翩。

刘海星有意识采用中西交融的眼光，纪实、画意兼顾的手法来拍摄风光，他着力选择那些富于中国意味的题材，用客观纪实的再现，来表达充满表现激情的中国精神。他的《长城内外》，通过冬日山川的瘦硬之感，光影明暗交织而成的冷暖对比，给人以凝重而深沉的艺术观感，传达出长城作为中华民族的象征所具有的“自强不息”的精神力量。作品《沧桑》选取了长城的破败之处，显现迟暮之感，有一种沧桑之美和冷峻之态，不仅感慨了长城的衰老、岁月的流逝，更加期待精神长城的形成，傲岸骨气的延续。再如《壶口飞虹》，以奔腾不息的急流，峭刻如骨的山石，使画面充满了饱满的激情，张扬出黄河骨子里的倔强和不屈。在画面的处理上，充分利用油画的技巧，计白当黑，山川的质感得以突显；计黑当白，激流的动感得以澎湃。中国文化讲求会意，需要意与景的妙合无垠，也就是作者的内在情感与外在物象之间的自然融合。刘海星常常用写实的手法来刻画物象，用写意的手法来表现精神，从而形成他独特的画面语言：将客观物象、感性情致和理性思考充分融合，捕捉到所有见过这一风景者共通的视觉感受和心理体验，去打动人、感染人，但又赋予这些形象以更深的人文思考，引发读者对时代精神、历史进程和人类行为的反思。

这一摄影追求的启示在于，他并不讳言自己的作品是以中国人的视角来观察自然，以中国的人文底蕴和审美情调来表现自然，以当代中国的精神来反思自然与人的关系、思考人类的命运。摄影技术是没有国界的，但摄影家是有国界的。在中国，五岳名山、长江黄河之所以成为人类文化自然遗产，就在于其中凝聚了中国几千年的审美积淀，代表了中国文化对自然和人文的诠释，成为中国的符号和象征。但在这些人流如织的风景区中，如何利用瞬间写实的手法记录下风起云涌的变化、花开花落的多姿，又要能够传达出为中国所认同、为世界所接受的精神气质，这就要充分捕捉自然风光背后所潜藏的人文情调，借鉴中国艺术的骨法用笔，吸收西方艺术的块面透视，两取其长，超乎其上。如《太行之光》，抓住朝阳映照下山崖的峭拔质感，刻画出太行山铜墙铁壁般的坚强之美，远处苍莽的云气和绵延的山峦所形成的重岩叠嶂，把光影峭刻的岩面，衬托得更加伟岸大气，太行山脊梁般的坚韧和挺拔，在粗糙而宽广的块面中得以展现。

在风光摄影中，景象是构建摄影作品的形骸，而人文关怀是作品卓然自立的灵魂。正是由于不同民族、不同时代、不同修养的摄影者，面对同样的山水景物，有不同的思考、感受和表达，所以才能形成千差万别的摄影作品。也正是有了人文视角的差异，植入同一风景之中的理性思考、审美情调和时空观感才会丰富多彩，而这些隐藏在景物之内的深层内容，是风光摄影区别于风景摄影的根本所在。没有典型形象而只强调写实技法、没有表现内容而只鼓吹再现功能、没有永恒价值只要求瞬间观感、不能兼通中西只随西方亦步亦趋的风景摄影，充其量只能是摄影师的记录；只有充满人文关怀、人类理性和个人体验，能够以写实塑典型、以再现为表现、以瞬间见永恒、以中西相补充、以传统与现代相交融的风光摄影，才是摄影家的创作。因此，我们应该承认，而且也必须提倡“人文风光摄影”，把融合西方摄影技法和理论，富于时代精神、人文底蕴和人类理性，创作出具有中国特色、中国气派、中国风格的风光摄影作为摄影界的自觉追求。这其中的“人”，是以中国人当代的视角来审美，去发现风光之中直指人心、体现人性、关注人类的物象，令人深思；这其中的“文”，是浸透了优秀传统的审美意识，是当代中国精神气质、文化修养、品位格局的艺术外化，引人共鸣。只有这样的风光摄影，才应该作为中国摄影的努力方向。

刘海星的作品，正是从中西不同的审美追求中，找到了融会贯通的切入点，那就是人与自然的和谐与冲突，对历史的因袭与传承，赋予风光摄影以深沉的人文关怀和深刻的历史观。在他的作品中，尽管不常有人的身影，却处处体现出的人类的关怀、历史的反思、人生的思考，使得自然风光皆因“我”和“我们”的潜藏，成为情调迥异的艺术创造。这一自觉的艺术探索所形成的“人文风光摄影”，以东方文化为精髓，契合着世界风光摄影的发展潮流，在个人、民族、世界的艺术三角中相顾自如，必将会成为中国风光摄影的新走向。

第七辑

人文与山水

王维:禅悦自然

王维是盛唐文化陶铸出来的一位精通诗歌、绘画、音律、书法的艺术家。在他身上,可以看到盛唐士人特有的文化性格,也能体会到那一代诗人、画家所经历的特殊遭遇。

王维少年得志,名传京师,却因属下犯禁而被贬至济州,但他仍不灰心,抱着积极的人生态度,充满强烈的政治抱负,以热情、开朗的基调展现出雄心勃勃的朝气。四十岁以后,他先后经历了亦官亦隐,母丧辞官,深陷伪职,高居要职等人生际遇,却总能保持着一份自得和闲适。

读他的诗歌,总能体会到完全摆脱尘世之累的宁静,有难以言说的自然。看他仅存的绘画,也能感受到他对自然风物细致入微的观照,有了无障碍的亲切。王维能超脱个人际遇而总保持着平和的心态,得益于他对禅理的体悟。

王维的母亲崔氏笃信佛教,曾持戒安禅三十多年,对王维和他弟弟王缙有着极大的影响。《旧唐书·王维传》言他们兄弟二人,"俱奉佛,居常蔬食,不茹荤血"。王维三十一岁,妻子去世,便孤居一室,走上了清静脱俗的参禅之路。

王维最服膺的是禅宗,他既受"闲居净坐"的北宗禅法的影响,也吸收了“至人达观，与物齐功，无心舍有，何处依空”的南宗禅法，崇尚“湛然常寂”“闲居净坐，守本归心”的禅修境界。他在为官之余，“日饭十数名僧，以玄谈为乐。斋中无所有，唯茶铛、药臼、经案、绳床而已。退朝之后，焚香独坐，以禅诵为事。”不仅彻底抛弃现实尘俗，日常与高僧谈禅，而且将禅修完全融进日常生活中，追求一种心空神远、淡泊静闲的心态。他曾说：

山中多法侣，禅诵自为群。城郭遥相望，惟应见白云。（《山中寄诸弟妹》）

言与佛友结缘共修时的欣悦。他对寺僧的生活充满神往：

老僧四五人，逍遥荫松柏。朝梵林未曙，夜禅山更寂。（《蓝田山石门精舍》）

王维参禅是发自内心的，他能够以平静空明的心态来体悟自然的哲理，观照天地的灵秀，始终保持着闲适自在的心境。

欣赏王维的诗歌，能体悟到他不是没有痛苦，也不是没有伤心事，而是能够把有限的人生烦恼消融在无边的山水境界中。他在《叹白发》中说：“一生几许伤心事，不向空门何处销？”在《饭覆釜山僧》中又说：“一悟寂为乐，此身闲有余。”《秋夜独坐》中还说：“欲知除老病，惟有学无生。”可见他不是没有烦恼、伤感与痛苦，但他能够把自己的心灵沉寂下来，宁静观照物象，把身心体验与自然山水融合起来，把自己带入自由、轻松、愉悦、和谐的生命境界，以宁静、自在的眼光来化解现实中的各种痛苦，在清贫简朴的日常生活中，体会到超然出尘的趣味。

他在《游感化寺》中言：

> 绕篱生野蕨，空馆发山樱。香饭青菰米，佳蔬绿芋羹。誓陪清梵末，端坐学无生。

一碗青米，一钵芋羹，因为有了禅思，显得格外素净香甜。《戏赠张五弟諲三首》说："青苔石上净，细草松下软。窗外鸟声闲，阶前虎心善。""我家南山下，动息自遗身。入鸟不相乱，见兽皆相亲。"青苔、细草、鸟鸣、兽走，都可以相亲相合，泯然无间。

王维能够把自己的烦恼化解在自然山水中，得益于他能够深入体察禅宗的无我境界。僧肇《涅槃无名论》言："玄道在于妙悟，妙悟在于即真，即真则有无齐观，齐观则彼己无二，所以天地与我同根，万物与我一体。"只有能够把自己和万物融为一体，突破有与无、物与我的界限，消除人与客观世界的隔阂，体悟到花草、山水、飞鸟、落日之间蕴含的天地哲理，才能够实现心与物、形与意的和谐交融。

南宗认为逍遥放任，徜徉自适于山水之间，只要能"顿悟"，同样可以达到修行的效果。王维除了亲自参禅，还常常"闲居""静坐"在山水间，通过与自然的冥契，来忘却自我。《酬张少府》中说：

> 晚年惟好静，万事不关心。自顾无长策，空知返旧林。松风吹解带，山月照弹琴。君问穷通理，渔歌入浦深。

他把心性融入到山林的幽静之中，忘却了身外的所有烦恼，闲适自任，清净寡欲，正在于其能够放下。

王维的诗与画，正是这种人生情怀的体现。《鸟鸣涧》："人闲桂花落，夜静春山空。月出惊山鸟，时鸣春涧中。"单纯从物象来看，这是一首纯粹的写景诗，我们却可以读出作者独特的体验。"人闲"二字直接点出作者的情绪特征，正是由于心闲，外物便不缭绕于胸，方能听到或者看到桂花飘落。又是在静夜，又是在春天，时间、空间因心闲而格外辽远。王维并不是单纯写自我，他把个人感受和桂花、春山结合起来，一远一近两个物象，形成一种真实可感的艺术形象。

春山之"空"，也是"人闲"这一特殊心境产生出来的，把春夜写得安逸优美。在这静寂之中，忽然有月升起，有鸟惊动，顿时打破了原来沉寂的画面，形成动态美。最后以山鸟时断时续的空谷元音，消散了刚才似乎激烈的躁动，山谷又恢复到空寂灵动的状态，原先的滞景全被盘活。

这首诗表面是在写景，却是作者敏锐艺术直觉的体现，除了作者本身的闲、空等感觉之外，采用动静互衬、声色杂陈、真幻相间、时空交错的艺术手段，将看似无关的桂花、春山、月、鸟等形象组合起来，形成优美深邃的意境。所谓"象外""境外"，正是这种超出了简单物象之上的更深的意趣，蕴涵着作者丰富的情绪体验。

王维的《雪溪图》，以渲染为法，简练奔放，着重表现景物的体和面。唐代张彦远距王维不远，他言王维：

工画山水，体涉今古。人家所蓄，多是右丞指挥工人布色原野，簇成远树，过于朴拙，复务细巧，翻更失真。清源寺壁上画辋川，笔力雄壮，常自制诗曰："当世谬词客，前身应画师。

不能舍余习，偶被时人知。”诚哉是言也。余曾见破墨山水，笔迹劲爽。（《历代名画记》卷十）

水墨画就是在墨中加水，分成深浅浓淡不同的层次，代替青绿敷色，来表现山石的阴阳向背。这幅画描绘雪景寒舍，坡石染渍而成，仅以简单线条勾画山形轮廓，以淡墨渲染出山石的凸凹、高下和阴阳面，画法质朴，简洁自然，平淡天真，意味深长。若仔细体味，确实与王维《冬晚对雪忆胡居士家》中描绘的“隔窗风惊竹，开门雪满山”的意境相契合。

《雪溪图》没有题款，宋徽宗赵佶题签“王维雪溪图”五字，一直作为王维的作品流传。由于画中所用技法，与张彦远所记载王维画风的表现手法大致吻合，也符合王维诗歌所追求的风格，姑且将之看作王维的作品。画面中的山水、房舍以及行舟，并不是对现实生活的直接描绘，而是经过了提纯和加工，浸透着画家宁静、安逸的心态，形成了含蓄、悠远、纯净的审美境界。

由于王维消融了物我界限的生命体验，他能够把自然万物看成可以与自己交流的对象，看成领悟着自己情感的审美客体。这种直观的领悟和交流，使他的诗歌既有澄澹精致的宁静清远，又有绵邈灵动的深长意味，我们常常能够感悟到云卷云舒、花开花落的自然律动，体会到作者去留无意、宠辱不惊的通达情怀。

他引入诗歌中的山水，总流淌着禅悦的清幽与平和，他谈论的禅理，总浸透着自然的灵秀和优美。《过感化寺昙兴上人山院》：

暮持筇竹杖，相待虎溪头。催客闻山响，归房逐水流。
野花丛发好，谷鸟一声幽。夜坐空林寂，松风直似秋。

诗用暮色、山林、流水、野花、谷鸟、空林、松风，触动了读者的视觉、听觉、触觉，用“幽”“好”“直”等心理感受，来描述自己暮夜独坐山林安禅修行的感受，把诗境的清幽安逸和禅境的静虑澄心融合到了一起。

他也用禅理来审视山水，能体会其中的禅悦之趣。《木兰柴》：

秋山敛余照，飞鸟逐前侣。彩翠时分明，夕岚无处所。

通过捕捉秋山瞬间的夕照、飞鸟霎时的动作，以及晚霞与林木时隐时现、变幻不定的细节，表达出万物生灭无常，虚实不定的禅思。

以禅入定、静默观照、定慧双生的精神境界，是佛教大乘教义带给中国知识分子的一种心灵状态，他们不仅影响到了当时很多诗人如王维、孟浩然等，也同样影响到当时的著名画家如阎立本、李思训等，使他们逐渐将宁静的自然作为凝神观照的对象，体悟到了山水中蕴含的无穷禅意，促进了山水诗和山水画的成熟。

更重要的是，进入禅悦之境，带给这些诗人、画家以自在、宽容的人生体验，他们能够摆脱现实生活中无穷的烦恼和嘈杂，以静穆的观照洞彻宇宙万物的律动，用清寂的心态审视社会人生的灵动，在禅意中超越自我、解脱烦恼、实现心灵自由。

苏轼:潇洒自适

苏轼是杰出的书法家、画家、文学家。他的书法居“苏(轼)、黄(庭坚)、米(芾)、蔡(襄)”四大家之首,笔墨丰肥圆润,浑厚爽朗,作品天真平淡,格调俊逸。他善画枯木、怪石、墨竹、寒林,在北宋画院追求形似的风尚中,另辟蹊径。

他的诗歌,熔铸着对社会的干预、对人生的思考,以刚柔并济、开阖自如的风格,自信而洒脱地展现了乐观旷达的生活态度和豪迈超脱的独特个性,代表着宋诗的最高成就。

他的词,一改晚唐以来的婉约风格,破除了诗尊词卑的传统,以诗为词,提倡词要能追求壮美的风格、阔大的意境,要能抒写自我的真实性情和独特的人生感受。从而将以男女情思、歌舞欢宴为内容的柔媚清婉词风,拓展为抒写抱负与人生的豪放之词、性情之词。他的散文,将典故、历史、见解有机融合,左右逢源,夹叙夹议,文脉晓畅,文采飞扬,气势宏大,成为时人效法的榜样。

苏轼的艺术创作,强调抒情写意,兴来便提笔挥洒。门生黄庭坚在《题子瞻画竹石》中说:“东坡老人翰林公,醉时吐出胸中墨。”言其随心所欲,便能创作,用于表达个性情趣。正因为重视艺术个性在创作中的展现,苏轼反对形似,强调神似,将自然天工和清新淡远作为诗、画的风格。他说：

> 论画以形似，见与儿童邻。赋诗必此诗，定非知诗人。诗画本一律，天工与清新。（《书鄢陵王主簿所画折枝》）

认为绘画要是只讲求形似，是幼稚的见解；写诗只写形似之诗，也肯定不是懂诗的人。诗画共同的规律是追求自然和清新。强调了“神似高于形似”，主张诗歌与绘画具有共同的审美情趣，要自然生动，洗净雕琢。经他的提倡与实践，注重写意的文人画逐渐与院画、匠画区分开来，成为中国艺术史中最有文化底蕴的创作。

苏轼自称“平生好诗仍好画”，打通了诗与画的壁垒，将之作为互生的艺术形态。他留下了100多首题画诗，或阐释画意，或品评画技，或借画言抒情，是其艺术观的展现。苏轼认为：

> 边鸾雀写生，赵昌花传神。何如此二幅，疏淡含精匀。谁言一点红，解寄无边春。（《书鄢陵王主簿所画折枝》其二）

他通过与唐代边鸾和宋代赵昌两位著名画家作比较，说他们的画比不上眼前这些“疏淡含精匀”的佳作。他赞叹画上那一点红色蕴含着无边的春色。苏轼所言的“疏淡含精匀”，便是主张以少胜多、略形重神。

苏轼在观看惠崇的《春江晚景》时写下了名作：

> 竹外桃花三两枝，春江水暖鸭先知。蒌蒿满地芦芽短，正是河豚欲上时。（《惠崇春江晚景图》）

生动地再现了画面上的景象：竹、桃花、蒌蒿、芦芽、鸭、江水等，还写出了画外意味，说春天到来，江水回暖，只有鸭子最先知道；蒌蒿、芦芽发芽时，正是美味的河豚逆流而上的日子。苏轼借助想象和生活经验，把画中没有的意思生发出来，既展现了生机勃勃的画面，也使作品具有浓郁的生活气息。

苏轼的《李思训画长江绝岛图》：

> 山苍苍，水茫茫，大孤小孤江中央。崖崩路绝猿鸟去，惟有乔木搀天长。客舟何处来？棹歌中流声抑扬，沙平风软望不到，孤山久与船低昂。峨峨两烟鬟，晓镜开新妆，舟中贾客莫漫狂，“小姑”前年嫁“彭郎”。

首四句是苏轼描述眼前画面：江水茫茫，孤岛险绝，岛上山峻路险，古木参天，可闻猿啼鸟鸣。这是视觉形象，接下来诗人写自己似乎不知不觉地进入了画境，不仅看到江中客船，还似乎听见了船上此起彼伏的渔歌。在欣赏绘画的过程中，苏轼也仿佛感觉在水上行舟，“沙平风软望不到，孤山久与船低昂”。诗人巧妙利用画面的景物，糅合着自己的感觉，使画面的景物顿时活动起来。特别是最后四句，苏轼借用民间传说，感叹孤山像漂亮女子的烟髻，以江面作为妆镜，精心梳妆打扮。甚至设想，江面行舟上的客商一定会为眼前美景所陶醉，以致忘乎所以，于是戏谑说“小姑前年嫁彭郎”，既赞叹孤岛的形胜，又借用原作意境形成了趣味盎然的山水诗，意境开阔，情趣盎然。其实，苏轼所描写的多是李思训画面的景致，甚至构图也大致符合原作，山水迷茫，孤岛耸立，树木葱茏，船帆点点。可以想见，这幅山水画具有开阔的画面，也有深远的意境，能给观者以优美、清新的感受。

《新城道中》是苏轼于宋神宗熙宁六年(1073)二月视察杭州属县，自富阳经过新城(今富阳新登镇)时所作。他用生动形象的笔触描绘出雨后天晴、清新开朗的田园风光：

> 东风知我欲山行，吹断檐间积雨声。岭上晴云披絮帽，树头初日挂铜钲。野桃含笑竹篱短，溪柳自摇沙水清。西崦人家应最乐，煮芹烧笋饷春耕。

苏轼用白云、红日、桃花、碧柳等形成了一幅生机勃勃的闹春图，意境清新活泼，在浓厚的生活气息中表现了诗人欢快的心情。苏轼多用清新的色彩，形成脱俗的意境。《赠刘景文》：

> 荷尽已无擎雨盖，菊残犹有傲霜枝。一年好景君须记，正是橙黄橘绿时。

用"橙黄橘绿"来写冬季，色彩独特，给人以强烈的观感。《六月二十七日望湖楼醉书五首》之一："黑云翻墨未遮山，白雨跳珠乱入船。卷地风来忽吹散，望湖楼下水如天。"黑白搭配写阵雨，意象独特。《东栏梨花》："梨花淡白柳深青，柳絮飞时花满城。惆怅东栏一株雪，人生看得几清明。"青白对比写春色，落笔清新脱俗。《游金山寺》："微风万顷靴文细，断霞半空鱼尾赤。是时江月初生魄，二更月落天深黑。"残红、深黑交织，画面瑰丽斑斓。

《饮湖上初晴后雨》："水光潋滟晴方好，山色空蒙雨亦奇。欲把西湖比西子，淡妆浓抹总相宜。”并不直接着色，而是利用晴、雨、淡、浓等引人想象的感受和西子这一令人遐想的具体形象来写杭州的水光山色，看似平淡的描写中，却蕴含着一幅山清水秀、色彩协调的画卷。与王维诗歌多直接临摹自然色彩不同，苏轼善于抓住自然中独特的不同凡响的色彩变化，选取平常不令人注意的色调用笔，画面奇警，意象奇特，给人以强烈的陌生感，显示出作者独特的思致。

苏轼能够取得这样的艺术成就，既源于他渊博的学识、良好的修养，更得益于他开阔的胸襟和旷达的人生态度。苏轼走上仕途后，在朝廷上直面时弊，为国计民生不顾个人得失，在地方任上多施惠政，造福一方百姓。他卷入新旧党争的漩涡之中，仕途一直不顺，常遭贬谪，但总能保持乐观的心态，微笑着面对来自各方面的打击，在逆境中保持着宠辱不惊的平静。

从性格特征来说，苏轼是一个天真淳朴、豁达开朗的人。他毫不掩饰自己的情感，认为文学创作就是个人全部情感的真实流露，他曾说“天真烂漫是吾师”。读他的作品，仿佛是与他进行对话。其中朴实流畅的叙述，字字发自真诚，句句浸满真情实感。

苏轼旷达豪放，超尘脱俗，性喜饮酒。酒入其口，总会化出豪气冲天的诗句来。他非常在意酒对自己灵感的激发，在《和饮酒二十首》中说：“得酒诗自成。”又在《次韵王定国得晋卿酒相留夜饮》中说到：“使我有名全是酒。”正是苏轼与酒有着如此无法割舍的关系，他的名篇佳作，或者是酒后所作，或者描写酒中的思绪。他很少写借酒浇愁，而多用来寄托豪情。他在密州时所写的《江城子》（老夫聊发少年狂）和《水调歌头》（明月几时有）都是千古传唱的名篇，分别写“酒酣肝胆尚开张”的昂扬奋发和“把酒问青天”的悠远感慨。

“乌台诗案”以后，苏轼看透了宦海浮沉，“却对酒杯浑似梦，试拈诗笔已如神”，开始以诗酒自娱，因美酒抒发豪情，借诗词寄托情怀。在黄州的四年谪居生活中，他白天多与友人对饮，酣睡至夕阳西下，晚上则与友人泛舟于赤壁之下，纵酒高歌，《前赤壁赋》和《后赤壁赋》都描写了他饮酒中的雅趣和酒后的思考。

苏轼的一生，多是在贬谪中度过的，有酒陪伴，有酒寄情，逐渐形成了超然物外的人生态度，旷达乐观的性格，始终保持着一种摆脱功名利禄的傲岸心态。苏轼既不掩饰自己的政见，更直接抒写对家人、朋友的至纯情感。我们可以从他的诗、词、散文中读到它与老师、朋友、家人的书信和赠答，常常能被他真挚的情感所打动。

他回忆十年前去世的亡妻的词作《江城子·乙卯正月二十夜记梦》，可以感受到苏轼对妻子深沉的怀念：

> 十年生死两茫茫，不思量，自难忘。千里孤坟，无处话凄凉。纵使相逢应不识，尘满面，鬓如霜。
>
> 夜来幽梦忽还乡。小轩窗，正梳妆。相顾无言，惟有泪千行。料得年年肠断处：明月夜，短松冈。

苏轼十九岁就同王弗结婚，夫妻恩爱、相敬如宾，苏轼二十六岁时，王弗亡故，葬于家乡祖茔。十年后，客居密州的苏轼依然怀念远葬家乡的亡妻。“不思量，自难忘”，看似平淡，却出自肺腑，是苏轼深埋在心底的感情，淡而弥永，久而弥笃，显示出苏轼对结发妻子的怀念。“千里孤坟，无处话凄凉”，既是说自己的漂泊感受，也是说妻子魂无归所，凄苦哀凉中流露出无限的伤感。这种思念伴随着苏轼进入梦乡，他仿佛看到了妻子正在梳妆，两人相见，没有任何话语，只有泪水倾盈，不料却从梦中惊醒，只有明月斜挂、松涛依旧。最后用“年年”点题，说明了作者每年到这一天，对亡妻的哀思都弥加强烈。这首词用朴素自然的叙述，明白如话，毫无雕琢，却浸满了苏轼深婉挚着的情思，千载以下，使人读后仍为之动容。

宋神宗元丰二年(1079)八月，苏轼于湖州知州任上，以作诗指斥乘舆、讥切时政的罪名下御史台，酿成有名的“乌台诗案”。年底，诏责水部员外郎黄州团练副使。对于这次责斥，苏轼也平静待之，他的《定风波》就充分表达了自己的旷达心胸：

莫听穿林打叶声，何妨吟啸且徐行。竹杖芒鞋轻胜马，谁怕？一蓑烟雨任平生。

料峭春风吹酒醒，微冷。山头斜照却相迎。回首向来萧瑟处，归去，也无风雨也无晴。

他利用途中遇雨这样一件小事，来表达自己对于阴晴、风雨的看法。潇洒的诗人在风雨中行走，凭借竹杖、芒鞋，依然吟啸徐行，从容自信；雨天总会放晴，山间也有日照，作者回头看刚才经历的风雨萧瑟，既是说旅途的经历，更是对自己宦海风波的反思。他并没有灰心，而是抱着积极的态度审视未来，这就是他的旷达之处。他在最后说的“归去”，也是双关，既包括官舍避雨，也包括“心”中归隐。词中既无烦闷，也无惊喜，苏轼洞悉了仕途上的顺逆，正如晴雨一样，有来有去，只要悟透了自然、社会和人生的哲理，就能够保持泰然自若的心态。

如果说王维的自适安逸主要来自于对禅宗的体认，还带有一丝宗教的虔诚;那么,苏轼的旷达潇洒则来自理性的精神。苏轼奉儒、参禅、好道,把道家的因任自然、佛家的自我解脱和儒家的兼济天下、独善其身完整地结合起来,使他能够在积极入世的同时,又能够用释、禅、老庄的思想来缓解自己的政治失意;能够在兼济天下时给自己保留一份自得其乐的心灵空间。这使他能够从早年的壮怀激烈、满腔热忱逐渐转为平淡闲适、练达任运。

政治上耿介正直,执著认真,宁失其意不失其正;生活上能够随缘自适,通脱旷达,形成了苏轼的潇洒自适。苏轼能够达到这样一种人生境界,是宋代文人特有的理性精神的折光,更是苏轼自身个性气质、文化教养的综合体现。他始终能够保持着一个知识分子的独立个性,既不依附于权贵,也不人云亦云,少年成名而无张狂之态,贬谪天涯而不悲观失望,总能以乐观、洒脱、诙谐的姿态笑对人生。

这是一种令人向往的人生境界,它是融合儒家的经世致用、释家的明达通脱、道家的清静归真而形成的超越其上的因任自适,既能关注现实,又能保持超然、旷达、开朗的性格。逆境中的自解不是消沉,承认缺憾也不是自我掩饰,只要心中有着坚持不懈的理想和追求,暂时的放弃和回避恰恰是解脱自我、充实自我、超越自我的手段。

生活中总有太多的矛盾无法化解,太多的遗憾难以弥补,太多的冤屈无处申诉,我们都是普通平凡的人,在无力改变现实的时候,只能给自己一片明净开朗的心灵空间。在这个属于自己的空间里,去超脱尘俗,解脱羁缚,在寂寞中聆听自己的心跳,在孤独中与灵魂对话。只要自己能够在反思中确信自己没有错误,我们为什么不能心安理得地享受自己的高贵,赞叹自己的决定呢?像王维、苏轼那样，无论得失，无论成败，总保持一种尽心任性、随缘自适的人生态度，诙谐地面对生活，微笑着面对困难，用从容来化解命运的磨难，用旷达来消融生活的是非。若能如此，无论从事什么职业，总会在不经意间完成一个明净开朗的人生。

李成：失意得意

李成是五代末、北宋初的山水画大家，被《画鉴》称为“古今第一”。他出自唐朝宗室，唐亡后家道中落，自幼博涉经史，才华出众，有深厚的文化功底。

《宣和画谱》说李成“善属文，气调不凡，而磊落有大志”，也曾想成就一番事业，但却遭逢五代，政局混乱，所居青州先属后梁，又归后唐，再建后晋。外族入侵的尘烟尚未散尽，内乱的杀声又扑面而来。朱温、李存勖、石敬瑭等忙于杀伐，重武轻文，既不开科考试，也不重用儒生，李成即便有如此的才学与抱负，一时也很难寻到实现的机会。

后周世宗柴荣为了扭转骄兵悍将们的飞扬跋扈之习，逐渐起用文官，为统一全国做准备。枢密使王朴是李成的好友，试图推荐李成。显德六年(959)初，李成赴开封参加选拔。但他刚到开封，王朴就去世，没有来得及向世宗推荐。第二年，赵匡胤发动陈桥兵变，世事的突然变化，让李成欲实现的理想顿时成为泡影。李成在京城遨游缙绅间，欣赏各家所藏名画，顿觉前途渺茫，壮志难酬，沉醉于狂饮之中。

在宋太宗年间成为左领军卫将军的孙守彬，此时只是一个富商，他非常想得到李成的画，就派人送信希望他能来为自己作画。李成看信后非常气愤，叹息道：自古士、农、工、商各自分居，不相杂处，自己是读书人，绘画只是为使自己舒心适意，岂能投身皇亲国戚宅第，研吮色彩，作为清客供人驱使？他还用东晋戴逵宁肯毁坏心爱的乐器，也不愿为权贵鼓琴的事迹鼓励自己。

尽管李成期望成就功业，向往仕途，但不愿改变读书人孤傲的性格、磊落的作风，更不愿作为画师供人驱驰。居住开封期间，许多王公贵族求画，他常婉言谢绝。而《东京梦华录》记载住在他隔壁的宋家药铺却能得到他的山水画，可见李成的清高，不是不杂尘俗，而是要保持超然独立的人格。

乾德二年(964)，卫融出知陈、舒、黄三州，他仰慕李成的大名，特意聘请他。已过不惑之年的李成离开汴梁，举家迁到陈州。在陈州期间，李成痛饮狂歌，以书画寄托个人情志，三年后醉死于客舍，年仅四十九岁。

李成是唐宋山水画转型的关键人物，北宋画家郭熙、范宽、王诜、燕文贵、许道宁、李宗成等皆受李成影响。米芾《画史》记述，他只见到两件李成真品，而伪本却见过三百本。可见李成的画，在北宋的影响之大，以致伪作迭出。

宋神宗喜欢李成的画，常常把赏赞叹，内府就收藏了一百五十九幅李成的画，在山水画家中被收藏最多。当时许多画家模仿李成，却难以企及李成的高度。董逌在《广川画跋》中说，其原因在于后世画家只会“按图求之”，而不知道李成作画是“画志”，把山川丘壑作为个人情怀的展现，其胸次高迈，不慕权贵，不羡财富，以落拓志向驱动山水气韵，用超拔心绪点染草木灵秀，其画意境冲淡，格调平和，其中天成的宁静萧疏，流淌的是一般画家无法模仿的气韵。

李成在政治上的失意，却成就了他艺术上的辉煌。假如他仕途一帆风顺，能够施展才学建功立业，治国安邦，以他高远的志向，恐怕很难安心进行艺术创作。即使能够进行创作，也很难达到较高的艺术境界。

一部艺术史就是艺术家的失意史。艺术家追求完美的心态与政治生活、社会现实残缺之间存有天然的鸿沟差距。其对完善人格的追求与周围官僚的政治手腕的碰撞，特有的感性思维方式与现实的政治理性间的对立，制约了艺术家在政治生涯上的通达，使他们屡屡失意。他们失意于政治，没有成为成功的政治家，是政治的不幸，但这恰恰是艺术的大幸，他们在愤怒中高歌，咏怀抒志，纵情写意，忘情山水，成就了众多经典的艺术创作。

赵孟頫:仕隐进退

赵孟頫是一个在仕与隐、进与退中浮沉的画家。他身为宋太祖赵匡胤的十一世孙,在宋元之际的朝代变迁中,尝遍了国仇家恨所带来的悲凉和苦涩。南宋灭亡后,他致力于儒学,期望能够有机会施展抱负。他赞叹孔子为行道而不暖席的志向,尽管对自己生不逢时充满怅然,但他依然忧虑民生。他在《松涧诗赠丁师善》中说"要当陈忠益,民瘼会有痊",期望自己能成就功业。在《题东野平陵图》中说"政使不容投劾去,也胜尘土负平生",不肯放弃对世事的关心。

当时许多士人宁死不愿仕元,谢枋绝食而亡,郑思肖所画兰花无土。当元世祖发布了求贤诏时,赵孟頫抱着强烈的责任感,超越了自我恩怨,顶着巨大的舆论压力,试图参加科举,来实现平生抱负。

但一到京城,出于政治需要,出于对赵孟頫才华的赞赏,元世祖给予这位赵氏后裔以特殊礼遇,他被任命为兵部郎中、集贤直学士。赵孟頫以儒家兼济天下为己任,直言敢言,刚正守中,抱着补苍天、泽万物的理想,企图拯救时弊。但他独特的身份,使得元朝君臣对他有所防备。他见理想难以实现,便力求外任,出任济南路总管府事。在济南，他平冤狱，办学校，兴教化，竭尽全力以实现自己的济世理想。元世祖去世后，赵孟頫借病乞归，返回家乡吴兴。

回到家乡的赵孟頫，把闲情逸致寄托在山水之中。或在青山秀水中徜徉；或与四方才士聚会，谈艺论道，挥毫遣兴；或同夫人管道升一起，欣赏文物书画，阅读诗作，把自己的全部才情消融在清脆的鸟鸣中，化解在苍茫的暮霭里。

宁静的闲居生活中，赵孟頫的艺术修养、书画技艺得到迅速提高。他一边揣摩唐宋古画，把山水逸气、古人意趣融入自己的创作；另一方面到佛寺道观欣赏题刻，汲取养分，形成了潇洒遒劲的书法风格。大德三年(1299)，赵孟頫被任命为集贤直学士行江浙等处儒学提举，他便在江浙过着半官半隐的生活，遍游江浙山水，与文人雅士诗酒集会，山水、诗酒淡化了早年的积极志向，使他把全部才情倾注于艺术创造上。

元仁宗即位后，赵孟頫被升为集贤侍讲学士、中奉大夫，又升为翰林学士承旨、荣禄大夫，官居从一品。他被元仁宗赞为“操履纯正，博学多闻，书画绝伦，旁通佛老之旨，皆人所不及”(《元史·赵孟頫传》)，成为元代的文坛领袖。

在这种荣耀中，赵孟頫心情复杂。一方面因为自己政治抱负的难以实现而始终耿耿于怀，他在六十三岁时写下《自警》，感慨“一生事事总堪惭”，只能寄情于笔砚，聊以消忧。另一方面在诗歌、绘画和书法上取得的成就，又令他欣慰。他仕于元朝，本是为了实现理想，但仕元的无奈与感慨，在其夫人管道升的《渔父词》中，表现得淋漓尽致：

人生贵极是王侯，浮名浮利不自由。

争得似，一扁舟，吟风弄月归去休！

六十五岁那年，赵孟頫以夫人病重，被允许南下，从此告别官宦生涯，在江南山水的平静中，度过了最后四年的光阴。

赵孟頫早年抱着积极入世的理想，顶着南宋遗民的指责，去参与科举考试，是为了实现其理想。当他面对时弊，直陈见解时，却遭到了元君臣们的猜忌，只能选择外放。当他把理想消磨在山水书画之中，把隐退作为人生选择，以陶渊明归隐生活自居时，却又平步青云。这是时势弄人？还是造化弄人？

历史，便是如此造就文化，士人们年轻时被寄予了无穷的期望，但仕途的顺利与否，不是由着个人的理想发展，也不是按照个人的才学来实现，而是要求士人必须遵循着政治的车辙前行。年轻的血气方刚与满腔热忱带给士大夫的，不是开满鲜花的坦途，而是满布荆棘的坎坷。

在坎坷的仕途上，有人坚持理想，始终保持着昂扬的斗志，尽管艰辛，却在微笑前行，百折不挠，如杜甫、范仲淹、辛弃疾；这些兼济天下的前行者，悲壮中总有可嘉的勇气，给我们以精神的震撼。有人学会了保全自己，把满腔的才学寄托到无边的风月中，参禅修道，吟诗作画，如王维、白居易、苏轼，他们是独善其身的隐退，超脱中总有一丝懦弱，留给我们的是一份充满智慧的沉思。进与退，兼济天下与独善其身，是所有人必须面对的人生歧路，我们无法逃离，只能选择。

唐寅：才华风流

唐寅出身于商人家庭，早年刻苦学习，企图成就功名。少年学画于周臣，后结交沈周、文徵明、祝允明、徐祯卿等，切磋文艺，成为吴中四才子之首。他十六岁考中秀才，但二十七岁那年，父亲病殁，妻儿离世，母亲作古。第二年妹妹出嫁，不久自杀。祸不单行，使得唐寅十分消沉。在朋友的规劝下，他又勤奋读书，期望以功名重振家业。二十九岁参加乡试，名列三甲。

第二年，唐寅赴京会试，因科场试题泄漏，他受牵连入狱，遭受刑拷凌辱。出狱后，妻子嫌贫爱富，与之反目离婚，使他备受打击，由此对功名、官场产生了逆反心理。晚年，南昌宁王宸濠重金聘用，唐寅却发现他有反意，装疯回到苏州，放荡颓废，率性而为。

唐寅曾以“江南第一风流才子”自称，以表明其绝意仕途、以吟诗作画了此余生的态度。他在《把酒对月歌》中言：

李白能诗复能酒，我今百杯复千首。
我愧虽无李白才，料应月不嫌我丑。
我也不登天子船，我也不上长安眠。
姑苏城外一茅屋，万树梅花月满天。

对自己才能的自负和现实中无法取得功名的无奈，使他产生了狂放和玩世的心态，遂将全部才情寄托于风花雪月，借诗、画宣泄心中的郁闷。他的山水画秀润清俊，人物画清逸飘洒，花鸟画活泼秀逸，书法俊迈逸群。他才情颇高而无缘功名，民间因画惜才，传出了大量关于他的逸闻趣事，使得唐伯虎成为风流才子的代名词。

唐寅的人生境况，有两种不同的说法：

一种说唐寅的确风流，整日徜徉于山水之间，沉湎于妇人之乐。如明代项元汴的《蕉窗杂录》、尹守衡撰《史窃・唐寅传》、詹詹外史编的《情史类略》等。冯梦龙在《警世通言》中有《唐解元一笑姻缘》，言其风流之事。弹词《笑中缘》演绎唐伯虎点秋香的故事，将唐伯虎描述为风流倜傥、放浪形骸的才子。

另一种说唐寅因不拘礼法、性格放荡，文风轻艳，被传说者增益附丽，逐渐被塑造成为风流才子的典型，但实际并非如此。《明史・唐寅传》便是正史的写法。

唐寅早年曾希望建功立业。他在《侠客》里说：

侠客重功名，西北请专征。
惯战弓刀捷，酬知性命轻。
孟公好惊坐，郭能始横行。
将相李都尉，一夜出平城。

父母、妻子亡故后，作《白发》《伤内》哀悼，悲痛忧伤，感情真挚，但仍不忘成就功名。

京城赶考的遭遇，既革除了他的功名之路，也使他对官场有了新的认知。他在《与文徵明书》中说起遭遇的侮辱："身贯三木，卒吏如虎，举头抢地，洟泗横集，而后昆山焚如，玉石皆毁；下流难处，众恶所归。""海内遂以寅为不齿之士，握拳张胆，若赴仇敌。知与不知，毕指而唾，辱亦甚矣！"一直过着优裕的生活并被乡人瞩目的解元，遭到了如此羞辱与毒打，使他认识到仕途艰险。

最后唐寅被证明无罪，发往浙江任小吏。但自负的唐寅认为："岁月不久，人命飞霜；何能自戮尘中，屈身低眉，以窃衣食！"不肯再受官场之辱，弃官不做。待其返回苏州，原本萧条的家业已被新妻典卖，二人争吵后，妻离他而去，再也未回。本已身心憔悴的唐寅再次受到打击，一场大病之后，性情大变。原本光明的功业理想全部破灭，曾经优裕的生活一去不返，他彻底体会到了世态炎凉与人生无常。

为了生计，唐寅只好以卖画为生。他在《言志》中写道："不炼金丹不坐禅，不为商贾不耕田。闲来写就青山卖，不使人间造孽钱。"经过几年的积累，他在苏州城北桃花坞建了家园，续娶沈氏，过上了清狂的生活。他在《桃花庵歌》中说："半醒半醉日复日，花落花开年复年。但愿老死花酒间，不愿鞠躬车马前。"表达超脱世外的闲散，但早年的经历常令他在酒醒之后，充满无限伤感。他也曾试图从佛理中寻求解脱，作《醉时歌》、《和沈石田落花诗》二十首、《解惑歌》等，努力说服自己，但我们常能读出其间充满的无奈。

但在很多时候，唐寅是孤傲而脱俗的才子。他在《画鸡》诗中说：

头上红冠不用裁，满身雪白走将来。
平生不敢轻言语，一叫千门万户开。

在唐寅眼里，雄鸡啼鸣是冲破黑暗、迎来曙色。题画诗使作品基调高昂，境界开阔，寄托了其落拓不羁的高远志趣。他的《抱琴归去图》，画面山水明净，远峰林立，山间小路临水曲折，沿途树木苍茂，给人以澄澈之感。其间临水抱琴者意态萧散，向山林中行走。题画诗言：

抱琴归去碧山空，一路松声两鬓风。
神识独游天地外，低眉宁肯谒王公。

把自己独立宇外、超脱尘俗的志趣借助画卷展现出来。

从唐寅诗文来看，直到四十岁，他还对才华无法施展而耿耿于怀，心存不甘。他在《夜读》中言："夜来欹枕细思量，独对残灯漏转长。深虑鬓毛随世白，不知腰带几时黄。人言死后还三跳，我要生前做一场。名不显时心不朽，再挑灯火看文章！"《贫士吟》之五："贫士灯无继晷油，常明欲把月轮收。九重忽诏谈经济，御彻金莲拥夜游。"仍在渴望自己能有机会实现抱负，正因为如此，他才在晚年接受宁王宸濠的聘用。

民间艺术家的生活无法得到保证，使他常常陷于饥寒之中，自觉"落魄迂疏自可怜"。在《奉寄老友孙思和》中，唐寅言自己贫困："天然兴趣难摹写，三日无烟不觉饥。"到了晚年，他少了激越愤慨，少了书生意气，少年的自负、青年的自放、中年的自傲，似乎消解为难得的自适。明嘉靖二年(1523)秋天，唐寅应好友邀请去东山王家见苏东坡题词，其中有两句："百年强半，来日苦无多"，触动了唐寅心境，他无穷伤感，回家后卧病不起，写下《伯虎绝笔》："生在阳间有散场，死归地府也何妨？阳间地府俱相似，只当漂流在他乡。”断绝了他对人间的最后期待，走完了凄凉坎坷的一生。

民间所流传唐寅的风流，并不符合历史真实。我们从唐伯虎坎坷的一生和清贫的生活来看，他活得很沉重，一生充满怀才不遇的痛苦。他之所以被塑造成风流才子的形象，有如下原因：

首先，是民间对“风流”的误读。清朝学者考证，唐伯虎从未自刻过“江南第一风流才子”的图章，存世之印确系伪造。即便有这样一枚印章，文人所谓的风流，与世俗所说的含义也不尽相同，多用来形容风采特异，才华突出。杜甫《咏怀古迹》：“摇落深知宋玉悲，风流儒雅亦吾师。”称赞宋玉风度潇洒。苏轼《念奴娇·赤壁怀古》中的“大江东去，浪淘尽千古风流人物”，也是指一代英才俊杰。《红楼梦》史湘云在吃相不雅时说自己“是真名士自风流”，形容才华出众而不拘小节。若唐寅确实以风流自诩，则更多是对自己才华的自信和对藐视礼法的自嘲。

其次，唐寅因功名无成，家遭变故，心性难免起伏，又建筑桃花坞，虽只几间茅屋，檐下却悬着雅致的室名“学圃堂”“梦墨亭”“蛱蝶斋”等。祝允明、黄云、沈周等才子常来饮酒，祝允明在《唐子畏墓志铭》中说他“日般饮其中，客来便共饮，去不问，醉便颓寝”。这种超脱凡俗、无所顾忌的行为，加上家道败落，十年之内居然靠卖画度日，民间便将将其与浪荡公子联系起来。

第三，唐寅确实在续妻出走之后，与青楼女子有染。他的第三位妻子就是青楼女子沈九娘。唐寅与她相会之初，难免令人误会。但唐寅与之相爱甚深，生有一女。唐寅在外出时思念沈九娘，其离世后，唐寅还写悼亡诗十首以怀念。后人由此附会，夸大唐寅与青楼的关系，将“沈九娘”演化为九个妻子。唐寅生活不能温饱，九娘贫病而死，怎么可能养九房妻妾？

第四，唐寅被时人传为风流才子，许多不知名文人的风流韵事，便叠加在他身上。俞樾在《茶香室丛钞》中说唐伯虎卖身为奴的传说，实际是将吴门陈元超、无锡俞见安的故事附会而成。此二人均路遇女子，一见钟情，不惜委身投靠，获主人赏识，得在群婢中点娶。俞樾断定"三笑姻缘"是好事者把别人之事张冠李戴为唐寅所为。据考证，秋香不是王府的丫鬟，是南京有名的青楼女子，至少比唐寅大十几岁。待唐寅落榜归来后，这位秋香已经四十多岁，唐寅不可能与她发生一场风流瓜葛。唐伯虎点秋香的故事，是将有名气的唐伯虎、青楼女子秋香和其他人的故事合并而成，经明清文人渲染后，唐寅便成为家庭富裕、饮酒寻欢的风流才子。

第五，唐寅绘画以山水画最优，名声最大、流传最广的却是美人仕女画。王世懋《跋陈玉叔倦绣图》说："唐伯虎解元于画无所不佳，而尤工于美人，在钱舜举、杜柽居之上，盖其平生风韵多也。此卷绣图，从赵文敏公摹来，故设色之艳，位置之工，迥胜他日作。至其雅韵风流，意在笔外，则伯虎自有伯虎在，览者当自得之。"认为唐寅能够把人生况味、艺术品位凝聚于仕女形象中，具有动人的效果。

《孟蜀宫妓图》精心描绘四个盛装宫妓劝酒作乐，她们衣着华贵，云髻高耸，青丝如墨，头饰花冠。青衣女子似手拿酒盏，正让绿衣女子斟酒，红衣女子已不胜酒力，正摆手欲止，却被青衣女子挡住。人物神态举止生动传神，设色明洁而又富于变化之妙，线条精秀细劲，流转自如。在人物脸部设色上以白粉烘染额、鼻、颊的"三白法"，继承了唐宋以来张萱、周昉、周文矩的仕女妆色，以当时流行的柳眉、小眼、樱唇风尚，描绘出女子弱不禁风而令人怜惜的情态。

他的《陶縠赠词图》《秋风纨扇图》《牡丹仕女图》《班姬团扇图》《嫦娥奔月图》等，人物皆端庄清秀，刚柔并济，栩栩如生，对明清仕女画影响甚深。清人黄崇惺《草心楼读画集》言："必有一段缠绵悱恻之致，乃可画仕女。"能够画出如此细腻的女子的唐寅，便被想象为有不少艳遇。其实，唐伯虎画仕女，是为出于生计，以满足购画者的要求。鲁迅曾说："唐伯虎画的细腰纤手的美人，是他一类人们的欲得之物，花纸上也有这一种，在赏玩者却只以为世间有这一类人物，聊资博识，或满足好奇心而已。为大众的画家，都无须避忌。"(《且介亭杂文·论旧形式的采用》)加上唐伯虎曾绘有春宫画，如《风流绝畅图》二十四幅。明万历三十四年(1606 年)徽派刻工黄一明根据原作摹刻为版画，印行于世，流传甚广。这不可避免地使人产生联想，将他与风流放荡的文人联系在一起。

现在来看，唐寅的一生是痛苦的，少年丧父，青年丧妻，名满江南，却无缘功业。胸中郁闷尚未消除，续妻离他而去，空将一腔才学消遣在桃红柳绿的山水中。高超的画技只能成为谋生的手段，只能按照买家的需求来创作。我们总能从他的山水画中看到郁闷不平之气，也能从他的花鸟画中体味到自娱自乐的情趣。人物画中，正是因为寄托着对普通女子平等而体贴的关爱之情，总能给人无形的亲近感，成为唐寅的仕女画流传广泛的原因。唐寅善于在绘画中表现女子的情感活力与生命体验，难免引起后代好事者的联想，由此而演绎生发出来的风流韵事，恐怕是唐寅也没有料到的吧。

徐渭：狂傲不驯

徐渭中年才开始学习绘画，其画作气势狂纵，笔简意浓，开辟了明清写意画法的新境界。朱耷、石涛、石溪、扬州八怪等都受其影响而别开生面。郑板桥曾刻一枚印章“青藤门下走狗”，以表达对徐渭的顶礼膜拜。吴昌硕在题徐渭书画册时亦说：“青藤画中圣，书法逾鲁公。”将徐渭称为画圣。齐白石对徐渭更是倾慕备至，曾说：“青藤、雪个、大涤子之画，能横涂纵抹，余心极服之。恨不生前三百年，或为诸君磨墨理纸。诸君不纳，余于门外饿而不去，亦快事也。”以表达倾慕之情。徐渭曾自评艺术创作：“吾书第一、诗二、文三、画四。”他最不自信的绘画，居然受到后代如此推崇，足见其多才多艺。

徐渭好友梅国桢，在《徐文长传》中曾评价他“病奇于人，人奇于诗，诗奇于字，字奇于文，文奇于画”，言之为当时的奇人。袁宏道也称他“无之而不奇”，也是充满无限敬佩。这样一位兼善诗、文、书、画、戏曲的奇才，却在激愤中度过了无奈的一生。

徐渭出生刚满百日，父亲撒手而去，他从此与作为小妾的母亲过着被人刁难的生活。但徐渭极为聪慧，八岁向陆如冈学八股文，十岁仿杨雄《解嘲》作《释毁》，十二岁学古琴，便能自谱琴曲，十四岁开始云游四方，十五岁学习剑术，二十三岁拜王阳明弟子季本为师，是传统文化滋养出来的才子。

二十四岁那年，由于官司，他家的老屋被人夺去；第二年妻儿因病去世。少年丧父，青年丧子，乡试屡试不中，给自幼聪颖的徐渭以沉重打击，使他难免牢骚不平。三十七岁时，徐渭彻底放弃了科考，投奔抗倭名将胡宗宪帐下，出任幕僚军师。

幕僚虽替人舞文弄墨，但徐渭却展现了他的军事才干，与胡宗宪谈兵事言国事，并屡献计策，度地形，作方略，撰作战计划书。胡宗宪十分器重他，举事“皆密相议然后行”，成为胡宗宪的心腹。他作《代贺严公生日启》，替胡宗宪向严嵩贺寿；又替胡宗宪草《献白鹿表》，得明世宗欢心。胡宗宪对他礼遇有加，重修杭州镇海楼请徐渭作记，赏银二百二十两。徐渭由此买了十几亩地置业，题为“酬字堂”，并续娶张氏，生有一子。这段时间是徐渭一生最为得意的时期。

嘉靖四十一年(1562)，嘉靖罢免严嵩，胡宗宪作为严党成员被捕，并在狱中自杀。这对徐渭刺激很大，他既为胡宗宪的自杀感到惋惜，又担心自己受到牵连，心情郁闷，精神恍惚，几乎崩溃。据《明史》记载，徐渭一生曾九次自杀。先以利斧击自己头部，“血流被面，头骨皆折”，幸而不死；以三寸长的柱钉刺入左耳数寸，又不死；又用锥子击碎自己的肾囊，仍不死。后狂病复发，疑心妻子张氏不贞，失手将她打死，被捕入狱七年。隆庆六年(1572)，徐渭被保释出狱后，逐渐恢复平静，游历山川，以书画自娱。但六十岁时，钱财却被儿子勾结外人洗劫一空，由此他闭门不出，潜心书画。

在人生的最后二十年，徐渭的精神时而错乱，时而清醒，满怀愤懑与凄凉。他在《墨葡萄图》上的题诗，倾诉了自己的内心：

半生落魄已成翁，独立书斋啸晚风。

笔底明珠无处卖，闲抛闲掷野藤中。

七十三岁那年，他在凄凉孤独中默默死去。身下，是杂乱无章的稻草；门外，是那副流传千古的对联："几间东倒西歪屋，一个南腔北调人。"

徐渭并不满足于以诗画自娱，一生参加了八次乡试，足以证明他有强烈的功名追求。他得到胡宗宪、吴兑、李如松等将领的器重，足见其在政治、经济、军事上有独到见解。但命运对他来说是不公平的，给了他满身才华，却不给他任何机会。他只能以幕僚的身份，替别人舞文弄墨，这对以才华自负的徐渭来说，无疑是精神的折磨。

徐渭少年时，父亲早逝，母亲偏出，受尽了冷落排挤，养成了敏感、多疑的性格。青年时受王阳明心学泽被，形成尊重自我、提倡个性的认知，使他对个人才华高度自信，也使他无法忍受环境的压抑。他的言论独特、行为张狂，在现实生活中很难得到普通人的理解。这种气质不能成就一个官僚，却能成就一个艺术家。因为艺术需要的不是平庸，而是独特；不是温柔敦厚，而是锋芒毕露。从这个角度来说，徐渭的遭遇是不幸的，正是由于他的不幸，他才对现实产生了鄙弃，从而将全部才华倾注到了诗歌、戏曲、书法和绘画创作中，成了一代伟大的艺术家。

徐渭是傲岸的。他满腹经纶，名满天下，却没有功名，没有地位而一贫如洗。坎坷的命运并没有削平他的才气，反而增加了他的激情；科场的失意并没有使他循规蹈矩，反而更加催发了他不羁的艺术天性。他彻底告别了平庸沉闷的世俗生活，将全部才华投入到自由澎湃的艺术创作中，用全部生命力张扬笔墨、激扬文字。沉醉在艺术创作中的徐渭，可以依照性情来处世，成为性情中人。

他在《题画梅二首》其一说："凫牛两碟酒三卮，索写梅花四句诗。想见元章（王冕）愁米日，不知几斗换冰枝？"言自己饥寒之时，有人用两碟野鸭肉、牛肉和三卮酒就能换到他的一幅梅花。若他囊中未缺钱，即使馈赠再多，也难得一画。他把人生多舛的感慨，寄托在笔端，以倾泄胸中激愤。《菊竹图》画菊花昂立，菊叶垂聚，花朵簇拥，生机勃勃，有傲岸之姿。旁有修竹，衬以叶草，风采清逸。题诗言："身世浑如泊海舟，关门累月不梳头。东篱蝴蝶闲来往，看写黄花过一秋。"以菊与竹作为个性写照，抒写无奈的抑郁之情。

《少年》诗则写一位老私塾先生：

> 少年定是风流辈，龙泉山下鞲鹰睡。今来老矣恋胡狲，五金一岁无人理。无人理，向予道，今夜逢君好欢笑。为君一鼓姚江调，鼓声忽作霹雳叫。掷槌不肯让渔阳，猛气犹能骂曹操。

总觉得是徐渭的自画像，其言先生曾有过狂放风流的生活，也曾有过金戈铁马的记忆，晚年穷困潦倒，遭人白眼。徐渭说愿意与他一起擂鼓，以宣泄个人的激愤。袁宏道曾言英雄失路，托足于无名之悲。徐渭满腔的委屈无人可道，只能托私塾先生的痛苦来言志。现实的苦难可以征服一个人的身体，却无法束缚一个人的灵魂，徐渭便在书画、诗文中高扬着自由的精神，激昂着骇俗的才气。

徐渭是深刻的。姑且不论他对现实政治、经济、军事的见解如何，就其艺术来说，他寻找到了一条不同于既往的创新之路。文人画自宋、元成型后，一直沿着“以形写神”的路径发展，追求怡悦情性，注重优雅、内敛、淡约的格调，久而久之，则泯灭个性而过于淡漠，越来越缺少直通人心的情绪表达。

徐渭受阳明心学的影响，融合着自己狂放不羁的个性，主张“不求形似求生韵，根拨皆吾五指栽”，认为画家要把个性气质充分倾注到所描绘的对象中，充分流露情感体验，把此前“形神皆备”的艺术观念转化为重神轻形，形成了意在象外的大写意画法。

徐渭的大写意，贯穿着他的狂傲不驯和愤世嫉俗，画面大刀阔斧，纵横睥睨，痛快淋漓，形成热烈、豪放、泼辣的画风，给人墨酣笔健、惊世骇俗之感。这种带有夸张意味的画风，为八大山人、石涛、扬州八怪所继承，成为明清写意画的新路径。

徐渭是痛苦的。他的痛苦不仅仅来自人生的颠沛流离，更来自于自由灵魂与沉闷现实间的冲突、个性气质与刻板生活间的矛盾、卓越见识与无奈尘世间的对立。袁宏道说他胸中有勃然不平之气，他的痛苦是英雄失路的痛苦，是豪杰无由展现的悲伤。徐渭只能感慨天地不公:“近来天道也私曲，莫怪笔底有差池。”憎恶环境的压抑:“带醉写竹天正阴，扇头雷雨黑沉沉。”他试图从激切苦闷中寻求平衡:“略用胭脂扎一堆，蛟潭锦蚌挂人眉。山深秋老无人摘，自迸明珠打雀儿。”他的诗歌有郁勃的力量，充沛饱满个性的直白流露;也有颓放色调，浸染着历尽劫难后对人生痛苦的自我消解。徐渭不甘于沉沦，也不甘于压抑，他总是在不断寻找机会去实现自己的抱负，这注定了他的一生无法达到唐寅式的平和，更不可能用放荡的生活消磨自己，因此，他的痛苦漫无边际，也不能轻易消解。

徐渭与唐寅一样，自幼便聪慧过人，少年便成为乡人瞩目的才子，被给予了太多的期望；他们过早地经历了丧失亲人的痛苦，也都经历了妻子早逝、孩子早夭的悲痛，更重要的是都不能取得功名，中年以后便一直生活在贫困之中。

不同的是，唐寅科考失败之后，有沈九娘陪伴，尽管贫困，却仍能像正常人一样生活，能在失意中获得家庭的温暖。尽管有压抑，有酸楚，却总能被化解在朋友的劝慰和家人的关怀中，虽心有不甘，但不经意间多了一些平和。

而徐渭，没有从父母那里得到温暖，没有从妻子那里得到尊严，没有从儿子那里得到慰藉，没有在仕途上得到人生实现，没有在生活中得到关爱，苦难伴随了他的一生。一个无法超脱生活贫困的人，精神的高贵和深刻，不能减轻他的痛苦，却只能加重他的酸楚与痛心。

幸运的是，以他们为代表的失意士人，能以高贵的生命体验，融合着对艺术的感知，给我们留下一批永远无法超越的文化遗产，让我们在审美愉悦中，能体悟到近乎惨烈的心灵悸动，体验到生命无法排遣的酸楚。我们没有他们的执着，没有他们的高傲，更没有独守茅屋而笑傲天下的不羁，或许，我们没有他们那样的人生，才没有他们那样的创造。

王冕：闲逸萧散

王冕工诗善画，尤以墨梅知名。所画梅花枝干简练洒脱，笔意简逸，花朵浓淡相宜，蕊萼分布，清润秀美，生气盎然。其构图清新悦目，用笔顿挫得宜，不仅能够生动地展现梅花的天然神韵，而且能在画面中寄托高标孤洁的思想感情，代表作有《墨梅图》《梅花春早图》，著有《梅谱》。

王冕为家中独子，三岁时便能对答自如，五六岁就有很强的求知欲。父亲让他放牛，他常把牛放在草地上，溜到私塾里去听村童读书。白天放牛，晚上到附近庙里，坐在菩萨的膝上，借长明灯读书认字。他的好学精神感动了读书人韩性，收为学生，教他读书、画画。韩性博览群书，文辞博达雄伟，书画苍劲古朴，受业者很多，王冕得其真传。韩性去世后，门人视王冕如师，继续学习。王冕又向王艮求教，读书务明理，学以致用，修养气节。

青年时代的王冕，曾研究兵法，学习击剑，期望能像伊尹、吕尚、诸葛亮那样，澄清天下，成就功业。他参加科举，却名落孙山。理想破灭，满腔愤怒，回想自己“蹭蹬三十秋，靡靡如蠹鱼。归耕无寸田，归牧无尺刍”而一事无成，遂烧毁全部文章，以示永绝科考。随后，他游历南京、潇湘、洞庭、太湖、庐山、天都、太行、潜岳、门云等地，看到贪官污吏的豪奢与贫民的凄惨，气得“归来十日不食饭，扼腕攒眉泪如雨”(《花驴儿》)。又渡长江，过淮河，经徐州、济南到大都，达居庸关，北游大漠，结交奇才、侠客、豪杰，呼酒共饮，慷慨悲吟；又交往僧人，谈禅说法，参悟人生。

这十年游历，开阔了他的眼界，也让他看穿了官宦的龌龊，明白了汉族知识分子在耀武扬威的元朝统治下的苟且，看穿了饱读诗书并不能实现功业抱负的现实，开始憎恶仕宦，逐渐选择了与元朝不合作的道路。

当时，秘书卿泰不华很喜欢王冕的画，想推荐王冕到翰林院任职，王冕笑着说：“尚书先生不要见怪，你太不聪明，再过几年，此地就成为狐兔出没的场所了！何必做官呢？”(朱彝尊《王冕传》)著作郎李孝光也荐王冕到府署任职，王冕回答说：“我有田可耕，有书可读，奈何朝夕抱案立于庭下，以供奴役之使？”当时王冕的绘画已有名气，达官显贵向他索画，他则画一幅梅花，悬于墙壁，题诗说：“冰花个个团如玉，羌笛吹它不下来。”表明自己的态度。

王冕彻底放弃了功业之心，选择了躬耕自种的隐居生活。他在九里山水南村筑草堂，“种豆顷亩，粟倍之，种梅花千树，桃李居其半，芋一区，薤韭各百本。引水为池，种鱼千余头。结草庐三间，自题为‘梅花屋。’”(宋濂《宋宪公文集》卷二十七)白天劳动，晚上作画，过着清贫淡泊的生活。

王冕选择隐居，科考的失意和仕宦的污浊只是客观原因，主观原因在于孤傲的个性使他不屑于官场的蝇营狗苟。他的《墨梅》便是隐逸情怀的书写，画面三两支梅花旁逸斜出，枝上梅花或开放或含苞，清新雅洁，虬劲生动。空白处题诗：“吾家洗砚池头树，个个花开淡墨痕。不要人夸好颜色，只留清气满乾坤。”不仅是在咏赞梅花的独立风姿，更是在赞美高尚的人格和美好的情操。

王艮是阳明心学的嫡传，也是泰州学派的开创者，素来器重王冕的人品与才艺。王艮官居浙江检报，王冕常去看他。一日，王冕去拜访时，只穿了一双破草鞋，连脚趾也露了出来。王艮说："你有才有识，何必以卖画为生呢？以后不必卖画了，去弄个小官做，别再过这样的苦日子了。"并拿出一双新鞋送给王冕。王冕笑而不言，把草鞋放在原处，告辞而去。

隐居后的王冕，有时戴着高檐帽，身披绿蓑衣，穿着木齿屐，手提木制剑，引吭高歌，往返市中。有时骑着黄牛，持《汉书》诵读，表明自己不同流俗的孤洁情怀。

至正十九年(1359)，朱元璋派胡大海攻绍兴，屯兵九里山。胡大海向王冕请教策略，王冕说："如果以仁义服人，何人不服？如以兵力服人，谁人能心服？绍兴乃秉义之地，要我教你们杀我父兄子弟，则万万做不到。你能听我，希立即改过以从善。不能听，请立即杀我。"胡大海无话可说，只得再拜领受。第二天，王冕病而不起，数日后逝世，胡大海备丧礼殓葬于山阴兰亭之侧，题为"王先生之墓"。

王冕家乡山明水秀，溪水如带，山峦如染，竹木葱茏，环境清幽。隐居于此，给王冕心灵上极大的安慰。他亲身耕作，但不得法，常陷入贫寒，冬无棉絮，夏屋漏雨，甑中无粮，全家忍饥挨饿。他在诗歌中写窘迫之境，如《过山家》言："破甑无粟妻子闷，更采黄精作朝顿。"《有感》言："江南古客无寸田，半尺破砚输租钱。"他坚守节操，宁愿耕作卖画度日，不愿意为了生计去奔趋、谄佞，坚持自己的操守。

王冕将最能象征自己性情的梅花作为知己，借梅明志，用画梅、咏梅寄托全部情志。他歌颂梅花的孤傲:“冷霜极冷欺不得,春风吹作玉玲珑。”赞美梅花的高洁:“回首中原天万里,琼林玉树一般春。”寄托自己的理想:“忽然一夜清香发,散作乾坤万里香。”梅花给予了他莫大的慰藉,成为他在贫寒中可以相伴的知音:“老夫高卧石窗下,赢得清香入梦频。”梅花的孤傲与独立,象征着他孤苦飘零的处境,体现着笑傲风寒的气节。

超然世外、不杂尘俗的高洁品格,使王冕的绘画充溢着高洁脱俗的精神力量。他的《南枝春早》,生意盎然,含笑盈枝,花密枝繁,行笔劲健,洋溢着乐观向上的不屈,很难使我们想象一个陷入生活困顿的老人,居然有清高拔俗、磊落不凡的情怀。

郑板桥：难得糊涂

郑板桥做过七品知县，后不满官场拘束，辞官归隐，以卖画为生。他兼擅诗、词、曲、文、联、印、书、画，在“扬州八怪”中影响最大，以“诗书画三绝”闻名于世。

郑板桥诗如其人，清新流畅，自由洒脱，语言浅近，直出胸臆。现存绘画作品一千多幅，以兰、竹、石为主，竹清瘦挺拔，兰萧散逸宕，石雄奇秀逸，脱尽俗习，秀劲挺拔、生动活泼，绝伦于画坛。他的书法被称为“板桥体”，潇洒新颖，错落有致。与他同时的金农说：“兴化郑进士板桥风流雅谑，极有书名，狂草古籀，一字一笔，兼众妙之长。”称赞其字以楷隶为主，兼揉草书，超脱传统技法而有所新创。郑板桥很得意自己的字，自感“蹊径一新，卓然名家”。

清张维屏在《松轩随笔》中评价郑板桥有“三绝”：“曰画，曰书，曰诗。三绝之中有三真：曰真气，曰真意，曰真趣。”真气、真意、真趣概括了他的人生境界，也点明了其艺术成就的所在。

郑板桥三岁丧母，乳母费氏勤劳、善良，慈爱仁厚。尽管郑家贫困，不能支付她费用，她却舍不得郑板桥，帮助郑家操持家务而在自家吃饭，给幼小的郑板桥以真情的关爱。父亲继娶的郝氏，也视郑板桥如亲出。在两人的照料下，郑板桥度过了幸福的童年。

郑板桥的父亲郑之本，品学兼优，在私塾讲学。郑板桥随父就读，学习刻苦，成绩优异，尤其喜欢“切于日用”的学问。他率性自然，讨厌矫饰虚伪之风，常常对不合理的事情直言指斥。在郑板桥看来，人无论高下，皆为炎黄子孙，应该一律平等。他在《范县署中寄舍弟墨第四书》中说：“我想天地间第一等人，只有农夫，而士为四民之末。农夫上者种地百亩，其次七八十亩，其次五六十亩，皆苦其身，勤其力，耕种收获，以养天下之人。使天下无农夫，举世皆饿死矣。”他认为农、工、商远远超过那些高谈阔论的士人：“工人制器利用，贾人搬有运无，皆有便民之处，而士独于民大不便，无怪乎居四民末也。”他看不上那些凭着一篇文章侥幸考中的官员，动辄“子曰”“书云”糊弄百姓，其实胸中不过是“一团茅草乱蓬蓬”而已。

正是这种平等、友善的视角，使得他对百姓疾苦尤为关心。在山东担任县令期间，他重视农桑，体察民瘼，努力使百姓安居乐业。为了减少对百姓的骚扰，他出巡不讲排场，不打“回避”和“肃静”的牌子，不许鸣锣开道。有时还穿着布衣草鞋，微服访贫问苦。当时县学里的孩子碰上雨天不能回家，他就让人送饭过去；遇到孤儿，他总倾力相助。

郑板桥曾画一幅竹子送给上司，题诗为：“衙斋卧听萧萧竹，疑是民间疾苦声。些小吾曹州县吏，一枝一叶总关情。”表达他的责任感和同情心。郑板桥勤政廉政，尽最大可能改革弊政，维护百姓利益。乾隆十一年(1746)，山东连年大旱，郑板桥调任潍县知县，一上任就开仓赈灾，招募饥民来潍县修城筑池，以救助饥民。并责令大户煮粥赈济百姓，他还带头捐出自己的俸禄，刻了一方图章表明志向：“恨不得填满普天饥债”。灾情最严重之时，他决定打开官仓借粮给百姓应急。按照规定，擅自打开官仓，要受惩处。郑板桥说:“等批下来百姓早就饿死了,这责任由我一人来承担!”因此救了许多百姓。当年秋旱,百姓无法归还借来的粮食,他让人把债券烧毁,以减轻百姓负担。

这些赈灾措施,让企图利用灾荒大赚的官僚豪绅无利可图,便有人密告他谎报灾情,将赈银中饱私囊。由于郑板桥并无私心,也无私产,查无实据,未被开罪。但这却让郑板桥看透了官僚的尔虞我诈,决意辞官归隐,不与小人为伍。临行前百姓自发送行,见郑板桥只有两夹板书与一个阮咸,骑着雇来的毛驴回乡,如此清廉,送行的人都很感动,依依不舍。郑板桥向百姓赠画,题诗留念:“乌纱掷去不为官,囊橐萧萧两袖寒。写取一枝清瘦竹,秋风江上作渔杆。”表达不以钱财为用、不以仕宦为意的潇洒情怀。

郑板桥认为,艺术家要成长,须由着个性发展,不应该亦步亦趋模仿古人。他借笼中养鸟、发系蜻蜓、线缚螃蟹,反对“屈物之性以适吾性”的做法,鼓励艺术创新。他从历代书法、绘画、诗词创作中汲取养分,却自称“无所师承”,全在“师法自然”。他从日光月影、纸窗粉壁中学画兰竹,又吸收石涛、八大山人等不拘成法的创作理念,独辟蹊径。他的书法摈弃当时流行的帖学,推崇汉碑,博采众长,删繁就简,自成一家,达到诗、书、画三绝。

他能以书入画,以画入书,诗画交融。他绘画兰枝、竹叶就借鉴了草书中的竖长撇法。在书法中,又使竖横撇点有竹枝、兰叶的飘洒意态。蒋士铨就称赞他“作字如写兰”,“写兰如作字”,将书、画的精髓应用到极致。

郑板桥晚年所画苍石图,题诗说:“老骨苍寒起厚坤,巍然直似泰山尊。千秋纵有秦皇帝,不敢鞭他下海门。”借苍石的桀骜不驯表达他的凛凛傲骨。他画竹子,常艰瘦挺拔,节节屹立,直冲云天。

或题诗说："秋风昨夜渡潇湘，触石穿林惯竹狂。惟有竹枝浑不怕，挺然相斗一千场。"以竹子表达自己处世的节操。或写道："两枝修竹出重霄，几叶新篁倒挂梢。本是同根复同气，有何卑下有何高。"体现平等博爱的思想。或题："咬定青山不放松，立身原在破岩中。千磨万劫还坚劲，任尔东南西北风。"以表现独立不迁的人格，面对磨难而不放弃的坚守自信。

郑板桥曾画《破盆兰花》，画面上是破损的瓦盆，盆内兰花将开未开。题诗道："春雨春风洗妙颜，一辞琼岛到人间。而今究竟无知己，打破乌盆更入山。"写兰花不希望抱残守缺，希望回归自然，寄托了作者的隐遁之思。又绘《半盆半蕊》，题诗："盆是半藏，花是半含。不求发泄，不畏凋残。"借兰写志，抒发孤独而无知己的牢骚不平之气，表达融于自然、追求本真的情志。

郑板桥是一个充满生活情趣的人，常常诙谐地面对周围的人与事。四十四岁才进士及第的他，重回扬州，书画顿时涨价，一夜之间成了无价之宝。许多市侩附庸风雅，纷纷向他索要绘画。郑板桥觉得好笑，特地刻了两枚印章，一为"康熙秀才、雍正举人、乾隆进士"，用来讽刺那些前倨后恭的暴发户；一为"二十年前旧板桥"，用来自嘲，感慨自己不改风骨。

最为著名的"难得糊涂"四个字，最能看出郑板桥的性情。据说，郑板桥在潍县知县任上，游览莱州去峰山，晚上借宿于山中，主人为一鹤发童颜的老翁，自称"糊涂老人"。郑板桥见主人房中陈列一方砚台，石质细腻，镂刻精良。次日，老人请郑板桥题字，郑板桥便写"难得糊涂"四字，盖上"康熙秀才、雍正举人、乾隆进士"的方印。老人则写了跋语："得美石难，得顽石尤难，由美石转入顽石更难。美于中，顽于外，藏野人之庐，不入富贵门也。"印章为"院试第一、乡试第二、殿试第三”。郑板桥大吃一惊，方知遇到高人，提笔补写：“聪明难，糊涂难，由聪明而转入糊涂更难。放一著，退一步，当下心安，非图后来福报也。”两人相见恨晚，结为挚友。有学者考证说那老翁是关帝庙禅师、恒彻上人。

这幅写于知县任上的字，反映了他为官时的心境。一方面确实想为百姓做些有益的事情，另一方面又感到官场风气的虚伪，要想游刃有余，必须按照官场规则行事，既要圆滑通融，又要察言观色、逢迎送往。郑板桥的真性情，实在难以与贪官污吏们虚与委蛇，只能以“难得糊涂”自嘲，以表达对时俗的憎恨。他感慨“聪明难，糊涂难，由聪明而转入糊涂更难。放一著，退一步，当下心安，非图后来福报也”，便是安慰自己对仕宦之事不必当真，正是这种糊涂心态，促使他辞官归隐。

在艺术上，郑板桥非常认真。说他认真，是因为自幼便有“好骂人”的绰号，他对那些看不惯的事情就要说，就要提出抗议，这种真气、真意是他孤傲、耿介个性的体现。辞官后的他也没有“难得糊涂”，而是关心时事。他在《靳秋田索画》里说：“终日作字作画，不得休息，便要骂人，三日不动笔，又想一幅纸来，非以供天下人之安享也。”因此他的糊涂，是对那些看不上的人和事抱着敬而远之的态度，不与其计较，对于自己喜欢的、擅长的书画，却精益求精地较真。

《列子·说符》中心都子说：“大道以多歧亡羊，学者以多方丧生。”人的精力有限，如果事事都做，必然一事无成。要想取得大成就，必须有所舍弃，才能集中精力把某件事做好。郑板桥的“难得糊涂”，是在尘俗之中不计较，以求在诗、书、画上保持“真气”“真意”和“真趣”。糊涂中有认真，才是难得糊涂的真精髓。

赵佶：轻佻痴迷

赵佶生活在诗词书画全盛、名家辈出的北宋。由于出身皇族，他自幼随京城名家王诜、赵令穰、吴元瑜等学习诗词书画，耳濡目染，深得精髓。即位后，收集古代名迹临摹，痴迷其中，成为一位诗、词、书法并精，山水、人物、花鸟兼擅的“皇帝艺术家”。

赵佶曾命令画院画家将宫苑中的异花珍禽一一图绘，凡 15 种为 1 册，累至千册，名曰《宣和睿览册》，作为绘画时参照的范本。他喜欢收藏、鉴赏和整理，搜罗历代书画，由专人鉴定真伪优劣，亲自加以品藻，名为《宣和睿览集》，各命辅臣，题跋于后。又整理鉴定过的书画为《宣和画谱》和《宣和书谱》，将御府藏古铜器编为《宣和博古图》，成为北宋艺术活动的主持者。

在对前人的学习和揣摩中，赵佶不仅开阔了眼界，还集众家之长，开一代画风。其绘画设色匀净，富丽典雅，神形兼该。他画花鸟，既注重形象，又能传达出精神，讲求以形传神。传说他画翎毛多以生漆点睛，隐然豆许，高出纸素，几欲活动。他常在画面开阔处，加以诗题、款识、签押、印章，如《芙蓉锦鸡图》，秋菊一丛，芙蓉一株，锦鸡依枝，双蝶偏飞，配以题诗：“秋劲拒霜盛，峨冠锦羽鸡。已知全五德，安逸胜凫鹥。”既点明了画面的意味，又使诗成为画面的有机组成部分。

他的书法，吸收了黄庭坚、褚遂良、薛稷、薛曜等名家的长处，独出己意，创造了“瘦金书”体。意度天成，天骨遒美，瘦挺爽利，笔法追劲，别具韵趣，非具有极高功力和心安神定者不能完成。他的书画，以细腻的笔触，鲜艳的色彩，与秀劲的字体，相映成趣。经其提倡，诗、书、画、印相结合，成为中国文人画的重要特征。

赵佶即位之初，北宋存有内忧外患，但尚不至于被金、辽随意践踏。其在位二十五年，一度辉煌的北宋迅速积弱积贫，沦落到任人宰割的地步，赵佶本人难辞其咎。早在即位之前，宰相章惇就认为“端王轻佻，不可以君天下”(《宋史》卷二二《徽宗本纪赞》)，但在太后的支持下，赵佶被推上了皇帝之位。

章惇对赵佶的评价是准确的。赵佶自幼养尊处优，对书法、绘画、诗词具有浓厚兴趣，还非常喜爱骑马、射箭、蹴鞠，更喜欢奇花异石、飞禽走兽，养成了轻佻浪荡的性格。他不仅在王府多储歌姬，还经常微服游幸青楼歌馆，遍寻京城名妓。即位后禀性不移，风流不改。因皇后生性俭约，不善取悦，徽宗便宠幸郑、王二贵妃，多次赐给郑氏情词艳曲，以为取乐。后又宠幸刘贵妃、乔贵妃、韦贵妃等人。特别是出身歌女的刘贵妃善于逢迎，喜着新衣，宛若天仙，深得徽宗宠爱。

但总是时景不长，徽宗便索然无味，再觅新欢。他为了寻求刺激，常带领数名侍从，微服出宫，在京城名妓李师师家过夜。专门设立行幸局，负责寻欢作乐的事宜。有时贪欢不能上朝，便谎称宫中宴饮，或说染病未愈。秘书省正字曹辅上书劝谏，被以诬蔑天子罪论处发配，从此朝臣缄口不言，任凭皇帝荒唐。

赵佶轻佻，若治国得法，充其量不过是一位风流的皇帝。但他却将轻佻用在理政上，使得北宋进退失据。他的挚友多放荡之徒，如驸马都尉王诜：公主温柔贤淑，他却宠爱小妾，甚至在公主病榻前与小妾寻欢作乐。赵佶却待之甚厚，两人经常到妓馆寻乐。

他宠信的蔡京，结党营私，打击异己，把司马光、文彦博、吕公著、吕大防、韩忠彦、苏轼、苏辙、范祖禹、龚夬、任伯雨等一百二十人诬为元祐奸党，逐出朝廷。蔡京是搜刮勒索的敛财高手，想尽一切办法满足徽宗的寻欢作乐。其子蔡攸曾对徽宗说："所谓人主，当以四海为家，太平娱乐。岁月几何，岂徒自劳苦！"（《续资治通鉴·宋纪》）徽宗居然深以为然，沉浸于醉生梦死的挥霍享乐之中。

赵佶不仅搜集天下书画金石，而且搜刮江南奇花异石，运往京都开封，建造供其游玩的寿山、艮岳。他将国家大事托付给佞臣蔡京、童贯等人，使内政外交屡屡失误。他不能大刀阔斧地整顿朝纲，来调和前朝因党争而遗留的矛盾，却任由蔡京为首的奸臣以"党狱"来解决政见纷争，致使朝廷一片沉寂，官员各求自保而不务国事。

长期处于小人逢迎之中的帝王，往往极具虚荣心而不知天高地厚。蔡京、童贯极力怂恿徽宗联金攻辽，收复燕云十六州。他没有分析当时金、辽相持带给北宋的暂时稳定，更没有考虑到有辽的牵制，金兵才不能南下的地缘格局，不顾朝廷有见识大臣的反对，与金约定灭辽后，燕云之地归宋，宋把过去每年给辽的岁币如数转给金国。但不久，徽宗便担心遭到辽的报复，非常后悔，扣留金朝使者，不敢发兵，直到金军大败辽国，才以巡边为名派兵向燕京进发，却遭到辽将耶律大石所部的袭击，大败而归。

辽国覆亡后，金国以北宋未履约为由，背弃前约，只答应将燕京及其附近六州之地归还宋朝，却要将给辽的岁币全部转给金国，并增每年一百万贯的“代税钱”。等童贯、蔡攸去接收燕京时，金兵已将人口、金帛全部掠走，只留下了几座空城。赵佶觉得自己收复燕京，分外得意，对金国毫无防范，沉浸在逸乐之中。

没想到消除了后顾之忧的金国，不久便分兵两路进攻汴京。赵佶毫无主意，急忙传位于钦宗赵桓，自己躲了起来。钦宗还没有来得及准备，汴梁被攻破，父子二人及后宫嫔妃被金人掳去，受尽羞辱而死。

这位在艺术上极有天分的艺术家，为何在治理国家上如此无能？此前，南唐李煜也曾沉迷艺术不善朝政而导致亡国，毕竟南唐弱小而无力与宋抗衡。文化高度鼎盛的北宋，在赵佶手里二十五年，居然变得如此不堪一击，任人宰割，只能说赵佶治国无方。

人的精力是有限的，沉迷其一，难免会放弃其他。赵佶沉迷书画与游乐，日日与宫廷画师切磋技艺，自然分散了他对国事的注意力。据《画继》记载，赵佶令画家们画孔雀，有几幅画的是孔雀正在登上藤墩，赵佶观后说：“画得不对。”大家面面相觑，不知所以。几天后，赵佶再次把画家们召来，但他们仍不知道何处不对，他说：“孔雀升高先抬左腿！”画家们这才仔细观察，发现皇帝所言不虚。正是将全部精力投入到艺术实践中，他很少有精力再去过问国事，内不能知人善任，匡国理政；外不能和睦邻邦，稳定边境，完全忘记了皇帝所肩负的责任，忘却了对全国百姓所承担的义务。金人攻陷汴京后，掳去了皇家乘舆、嫔妃，赵佶未尝动色，当索要他馆藏的书画时，他才发出一声长叹。

从艺术史的角度来看，赵佶创作了精美的作品，培养了一批书画家，将北宋画院带到了艺术巅峰期。但艺术史只是历史的组成部分，他没有料到自己断送了一个最有可能走向开明的朝代。如果他能够励精图治，继续推动北宋的经济改革，协调各方政见争执，把全部精力放到振兴朝政上，抓住金、辽相争的短暂机遇，增强武备，不仅北宋能够避免亡国，中国的历史进程也许会改变。可惜的是，这位皇帝艺术家，以其轻佻成就了艺术创作，却毁灭了千万人的幸福，改写了中国历史的进程。

我们真的希望，宁肯少一个荒唐的艺术家，而多一个励精图治的好帝王。毕竟，艺术还可以继续创造；而历史，一旦失去某个机遇，却再也无法重新开始。

董其昌：风华轻狂

董其昌是松江画派的创始人，他才思敏捷，通禅理、精鉴藏、工诗文、擅书画，也是一位难得的艺术全才。三十四岁中进士，从此青云直上，官至南京礼部尚书、太子太保，主盟晚明艺坛数十年，是晚明影响最大的艺术家。

董其昌的绘画平淡天真，墨韵分明，清逸雅致。《画史绘要》称其所绘山水树石"风流蕴藉，为本朝第一"。其书法吸收了晋、唐、宋、元名家的技法，飘逸空灵，风华自足，为晚明书法的集大成者。

这位在艺术上有突出成就的艺术家，在现实中却是一个颇具争议之人。早年的董其昌把全部的期望寄托在科考中，并没有精力去学习书画。十七岁参加府学考试，文采敏锐，可得第一，但松江知府袁贞吉却嫌其字写得太差，改为第二。董其昌由此发愤练习书法，先学颜真卿的《多宝塔》，又学虞世南，进而临摹钟繇之字。三年苦练，他的书法得以提升，不再将文徵明、祝允明等人放在眼里。

万历十七年（1589 年），董其昌中进士，供职于翰林院。此时的董其昌非常谦恭，翰林院一位老学士去世，身后萧条，他便自告奋勇，护柩南下数千里，送老师回福建，得到赞誉。后担任过皇长子朱常洛的讲官，出任过湖广提学副使、福建副使、河南参政等职。

随着地位的隆盛与名气的增大，附庸风雅者便与之交结，付重金求购其字画。他也交官员豪绅，集聚财富，拥有良田万顷、游船百艘、华屋数百间，成为松江的大官僚、大富豪。

晚明士风败坏，许多士人一旦出任官僚，贪鄙的本性便会流露出来，与豪绅勾结，疯狂攫取利益。顾炎武曾说自万历以后，天下水利、碾硙、场渡、市集等公共设施无不属于当地豪绅。这些豪绅利用亲信、部下、子弟以及聚集而来的恶棍，横行乡里，巧取豪夺。出身贫贱的读书人参加科考，目的就是要做官，成为扬名一方的豪绅。

单纯的官僚并不可怕，他们只有权力可以使用；单纯的豪绅也不可怕，他们只有财富可以炫耀；单纯的士大夫也不可怕，他们只有学识和责任可以担负。一旦士大夫成为官僚、豪绅，生活在一个腐败的时代，一旦堕落，比那些官僚和豪绅更为无耻，也更为可恶。董其昌在这样的环境中，便从温文尔雅转为轻狂任性，并开始为非作歹。

万历三十二年(1604)冬，董其昌任湖广提学副使，监督、检查湖光地区的学校及教育事务。曾受科举之苦的他本可以利用这个机会革除弊端，造福学子，但他却以愚弄学生为乐。考试前一天，董其昌在官署门前贴了个大告示，说“明日不考文”。第二天考试时，学生坐等出题，却无人回答。问之，他居然说：“题目我昨天已经出在外面了。”原来他将“明日不考文”作为试题。这种轻狂任性之举，让士人非常愤怒，他们砸坏了董其昌的公署，把他赶跑了。

被迫辞职后的董其昌回到乡里，却营建豪宅，欺压乡民，再次引起民愤。万历四十三年(1615)秋天，已近六十岁的董其昌看中了一个佃户年轻美貌的女儿，抢来做了小妾。当地人知道内情，逢人便讲，民众早对董家的恶行深恶痛绝，编出故事《黑白传》来讽刺他。说书艺人到处说唱，董其昌听说后恼羞成怒，认为是秀才范昶主使，就令手下把范昶抓来严加逼问。范昶起誓辩白，董家依然不饶，以致他暴病而死。范母带着儿媳、孙媳以及女仆穿着孝服到董府大哭。董其昌指使家丁将她们推到隔壁坐化庵中，扒掉衣服侮辱。范家儿子将董家恶行告到县衙，县官碍于情面，拖延不作判决。

这种令人发指的行为，引起了当地民众的公愤。万历四十四年(1616)三月，有人贴出告示，言董其昌阴险、豪奢、淫荡、狂妄的行为令人发指，号召当地民众讨伐董其昌。到了十五日这天，愤怒的人们积聚在董府周围，骂声如沸，将董其昌爪牙陈明的数十间厅堂拆毁。董其昌吓得慌忙逃到湖州一带避难。十六日，周边县区闻讯赶来的人们上房揭瓦，用油芦席点火，焚烧了董家数百间亭台楼榭。十七日，围观的百姓觉得不解气，抓住一个手持董其昌墨迹的扇子的人痛打一顿。十九日，当地民众又赶到白龙潭，将他的书园楼居烧毁，将其“抱珠阁”的匾额沉到河里，大呼：“董其昌直沉水底了。”董家隔壁有坐化庵，大雄宝殿匾额为董其昌所题，百姓听说后，用砖砸去，和尚们急忙拆下来，大家上前用刀乱砍，大喊：“碎杀董其昌也。”这是中国历史上被百姓自发抄家的有名案例，如果不引起公愤，何以至此？

董其昌却没有从这件事中汲取教训，他交结官府，要求严惩肇事者，认为必有士大夫唆使、鼓动、组织民众抄抢。他迫使苏州、常州、镇江三府会审，将直接参加烧抢者定为死罪论斩外，松江府华亭县儒学生员五人受到杖惩并革去功名，另五人受杖惩并降级，还有三人受杖惩。

董其昌在明光宗即位初，出任太常寺少卿、掌管国子司业事，与魏忠贤、阮大铖过从甚密，天启五年（1625 年）出任南京礼部尚书。崇祯四年（1631 年），魏党被清除，董其昌立刻毫不迟疑地为东林党人题写牌坊、著文、书写像赞、撰写传记等，极尽赞美。后回京任礼部尚书兼翰林院学士掌詹事府，至于权力巅峰。

《明史》言董其昌"性和易，通禅理，萧闲吐纳，终日无俗语"，读这些话时，我们才发现历史的记述与现实的距离相差多大，也无法想象一位被当地百姓自发抄家，在政治生涯中不断投机的士大夫所表现的"和易""萧闲"，是发自内心的举动？还是虚伪的掩饰？貌似谦恭和蔼的形象背后，是史家看不到的猥琐。如果将董其昌的行为归结为个人品行，那只能说明创造具有审美价值的艺术家，并不都是令我们心仪的道德完人。

可以将董其昌现象归结于明朝制度。尽管明朝纵容豪绅、保护官僚，毕竟还出了陶安、陶后仲、郑士元、方克勤、海瑞、王天性、史可法这样的廉吏。董其昌的可恶之处，就在于他充分利用了晚明的弊端，利用了官员们相互庇护的心理，利用了附庸风雅者对他的盲目崇拜，利用了皇帝的无能，还利用了书画这一最具有迷人光环的道具作为伪装，在巧取豪夺中充分满足个人贪欲。晚明皇帝能够重用一个两次引起民怨的乡绅，江浙三州的知府能够任凭董其昌按照个人意志处置抄家者，董其昌能在这样的朝代飞黄腾达，只能说这个朝代存在严重的问题。

也可以将董其昌现象归结为社会原因，我们常常以一个人的成就和光环来轻易地原谅他的缺点乃至无耻，甚至为了附庸风雅而纵容那些所谓艺术家们的恶劣行径，将那些自私的本性、贪婪的欲望视为他们的逸闻趣事加以传播。董其昌能够在无穷的丑闻中，名声雀起，当时的士林难道不无责任吗？东林党人难道不知道他被乡邻唾骂？难道不知道他与阉党同流？因为董其昌是名流，他的字画可以提高东林党人的身价，他的加盟能提升东林党人的名气，东林党人与魏忠贤、崇祯一样，都在努力拉拢、利用董其昌，来装饰自己的门面。清流尚且如此，普通百姓能说什么？

李白：鹤鸣九皋

李白在三十多岁时，曾与司马承祯、元丹丘、胡紫阳一起修道，甚至期望举家迁到嵩山定居。在以嵩山为中心的修道时光中，李白有一个最崇拜、最渴望拜见却无缘相见的道姑焦炼师，只能临风寄诗于她；他还与岑夫子、丹丘生举行了一场了不起的酒局，成就了《将进酒》的不朽名篇。岑夫子隐居于鸣皋，焦炼师也是"下瓢酌颍水，舞鹤来伊川"的修行者，李白在游赏伊川、想象伊川的过程中，给中国历史留下了一段段浪漫传奇，也赋予了伊川山水流光溢彩的灵性。

李白到嵩山修道，缘于他对司马承祯的仰慕。开元十三年（公元725年），二十五岁的李白在江陵遇到八十岁的司马承祯，两人结为忘年之交。司马承祯认为他有仙风道骨，可与神游八极之表，并将李白视为其"仙宗十友"之一。李白作《大鹏遇稀有鸟赋》，以大鹏自喻，以稀有鸟赞美司马承祯。司马承祯得道的嵩山，是道教著名的修行之所。王子晋、葛洪、寇谦之等都曾在此修道，司马承祯师事嵩山道士潘师正，他的再传弟子胡紫阳、三传弟子元丹丘在嵩山延续着该派的修行法门。

李白在三十一岁时来到嵩山，得到了元丹丘的指点，并与之订交。两人“故交深情，出处无间”，以致李白一生念念不忘，十几次在诗中回忆两人的友情。李白很快体会到隐于嵩山的轻松惬意，并且期望有一天能修成，带着妻女成仙：“偶与真意并，顿觉世情薄。尔能折芳桂，吾亦采兰若。拙妻好乘莺，娇女爱飞鹤。”他与元丹丘、胡紫阳、元演、杨山人等一起炼气、修仙，并以嵩山为中心漫游交友，度过了三年洒脱自如的时光。

李白修行的场所在玉女峰。他后来曾对杨山人说：“我有万古宅，嵩阳玉女峰。长留一片月，挂在东溪松。尔去掇仙草，菖蒲花紫茸。岁晚或相访，青天骑白龙。”其中提到的菖蒲，被《神农本草经》列为上品，是补益心神、服食成仙的良药。《神仙传》曾记载汉武帝在嵩山遇到的仙人说：“闻中岳石上菖蒲一寸九节，可以服之长生，故来采耳。”李白重述此事时说：“我来采菖蒲，服食可延年。”《水经注》言狂水（白绛河）上游有“石上菖蒲，一寸九节，为药最妙，服久化仙”，是伊河流域的特产。李白与元丹丘“朝饮颍川之清流，暮还嵩岑之紫烟，三十六峰长周旋”，在嵩山周边、颍河上游、白绛河上游采药、炼丹、修行。

当时嵩山最传奇的炼丹女道士焦炼师，是李白、王昌龄、李颀、钱起等人都曾仰慕的修行者。李白在《赠嵩山焦炼师》序中说：“嵩丘有神人焦炼师者，不知何许妇人也。又云生于齐梁时，其年貌可称五六十。常胎息绝谷，居少室庐，游行若飞，倏忽万里。世或传其入东海，登蓬莱，竟莫能测其往也。余访道少室，尽登三十六峰，闻风有寄，洒翰遥赠。”李白踏遍嵩山所有山峰，却无缘相见焦炼师，只能写诗相赠。但却无由寄出，只能临风遥寄，让其感知。他想象焦炼师的自由自在：“八极恣游憩，九垓长周旋。下瓢酌颍水，舞鹤来伊川。还归空山上，独拂秋霞眠。”其中的“下瓢酌颍水”，是说嵩山道士们从颍河取水炼丹;“舞鹤来伊川”则言自己寻访不到焦炼师,莫非她如其他仙人一样,乘鹤到了伊川?

在初唐,嵩山、缑山、九皋山相连之山合称为嵩阳,被视为神仙栖居之所、道士隐修之地。李世民曾作《喜雪》,想象“蕊间飞禁苑,鹤处舞伊川”,认为飘雪像仙鹤一样在伊川飞舞。武三思也作《仙鹤篇》言:“九皋独唳方清切,五里惊群俄断绝。……莫言一举轻千里,为与三山送九仙。”言仙人在三山相连处出入,乘九皋之鹤往来天地之间。李白所言的“舞鹤来伊川”,便是想象焦炼师乘鹤到伊川,由此升天入地,他为何会生出“舞鹤伊川”的认知呢?

这一认知来自于“鹤鸣九皋”的传说。九皋山为外方山的支脉,延伸到伊水边而收尾,为周王城南面的望山。山水环抱之处,林茂草美,皋泽相连,鱼渚鹤飞,景色宜人,是周王室津津乐道的“天室”。《诗经·小雅·鹤鸣》言:“鹤鸣于九皋,声闻于天。鱼在于渚,或潜在渊。乐彼之园,爰有树檀,其下维谷。他山之石,可以攻玉。”便是言九皋山上仙鹤起舞,伊水岸边池沼相连,山水有情,为乐居之所、乐游之园。此诗为周之士大夫所作,言其在居于九皋、伊水之间的潇洒生活。

在儒家释经中,九皋之鹤便由此成为高雅清幽生活的写照,被赋予君子尊道修身而得到敬重的意蕴。《荀子·儒效》言:“君子务修其内而让之于外,务积德于身而处之以遵道,如是,则贵名起如日月,天下应之如雷霆。故曰君子隐而显,微而明,辞让而胜。《诗》曰:‘鹤鸣于九皋,声闻于天。’此之谓也。”鹤鸣九皋,成为了君子独善其身、进德修业而名闻天下的成语。九皋之鹤也成为贤人君子独立人格的象征。张衡在《思玄赋》中言自己的坚持理想,“遇九皋之介鸟兮,怨素意之不逞。游尘外而瞥天兮,据冥翳而哀鸣。

雕鹗竞于贪婪兮，我修絜以益荣。”认为九皋之鹤可以神游天外，不染尘俗，成为士人高雅峻洁的人格写照。

汉魏之际，刘璋的谋士秦宓在《答王商书》中言自己不慕荣华富贵而宁愿隐居耕读时说：“听玄猿之悲吟，察鹤鸣於九皋，安身为乐，无忧为福，处空虚之名，居不灵之龟，知我者希，则我贵矣。”以鹤鸣九皋为意象，言自己安身立命，闭门自持。西晋辛旷在《赠皇甫谧诗》中言：“山无逸民，水无潜龙，爰彼九皋，克量德音。”也用鹤鸣九皋称赞皇甫谧的雅望高致，名实合一。裴度也曾对好友窦九说：“须为九皋鹤，莫上五湖船。”勉励他要做九皋之鹤，苏世独立，不染尘俗，不要做五湖倦客，只为谋生计而庸俗奔忙。

唐以洛阳为东都，鹤鸣九皋不仅成为引人入胜的自然景观，也成为士大夫寄寓理想人格的精神家园。王昌龄在《送狄宗亨》中言：“秋在水清山暮蝉，洛阳树色鸣皋烟。送君归去愁不尽，又惜空度凉风天。”远望九皋，烟云无边，成为洛阳城中远望远思的景致。李颀在《望鸣皋山白云寄洛阳卢主簿》中亦言：“饮马伊水中，白云鸣皋上。……皎皎横绿林，霏霏澹青嶂。远映村更失，孤高鹤来傍。”以九皋孤鹤言彼此的独立不迁。北宋著名隐士林逋也曾作《鸣皋》：“皋禽名只有前闻，孤引圆吭夜正分。一唳便惊寥泬破，亦无闲意到青云。”想象鹤鸣九皋之美，寄托自己的出世之思、出尘之趣。

作为周、汉、唐、宋时的名山，九皋山吸引了无数修道、修仙之人前去修行。钱起写九皋隐士的自给自足：“飞泉出林下，一径过崖巅。鸡犬逐人静，云霞宜地偏。终朝数峰胜，不远一壶前。仲月霁春雨，香风生药田。丹溪不可别，琼草色芊芊。”隐士们种药养生，自得其乐。署名柳宗元的《龙城录》也载有贾奭在九皋山成仙事："贾奭，河阳人，字师道。与余先人同室读书，为人谨顺。少调官河南尉，才吏也。后五十岁，弃家隐伊阳小水乡和乐村鸣皋山中，著书二十卷，号'鸣皋子'。迩年不知其所终。山中人竟言仙去，然讹幻莫之信也。"柳宗元抱着理性的精神认为成仙不可信，但却言当时九皋隐士们认为其举飞成仙而去。

因此，当李白在嵩山三十六峰遍寻焦炼师不得时，他便认为焦炼师应当乘九皋之鹤到伊川仙游，以致自己不能得见。李白是在传说中了解到鹤鸣九皋的传说？还是直接见过"舞鹤伊川"的大美之境呢？

李白有一位著名的好友岑夫子，就隐居在伊川九皋山，两人不仅多次相见，还一起开怀畅饮，结下了深厚情谊。开元二十三年（公元735年）秋，元丹丘的好友岑勋来到嵩山，与李白一起举行了中国文学史上最著名的酒局，李白写下了名作《将进酒》，成为其"斗酒诗百篇"的经典写照。

李白在《酬岑勋见寻就元丹丘对酒相待，以诗见招》中描述了两人相见的场景：岑勋从东南回伊川，先写信给李白，期望相聚，李白靠在松树上打开信笺，想到也曾跟元丹丘相约畅饮，便立刻策马前往，三人进行了不醉不散的欢会："喜兹一会面，若睹琼树枝。忆君我远来，我欢方速至。开颜酌美酒，乐极忽成醉。我情既不浅，君意方亦深。相知两相得，一顾轻千金。且向山客笑，与君论素心。"李白与元丹丘是至交，与岑勋也是一见如故，三人抱着不醉不休的豪情，畅饮得惊天动地。在这次酒宴上，李白创作了著名的《将进酒》，写他与岑夫子、丹丘生的欢会，可以与《酬岑勋》对读。《将进酒》中的"天生我才必有用，千金散去还复来"，是醉酒之后的酣畅之辞，《酬岑勋》中的"一顾轻千金"则是饮酒之后的理性之思。

"会须一饮三百杯"是酒局中的夸张,"开颜酌美酒,乐极忽成醉"便是此后的客观叙述。"且向山客笑,与君论素心",是李白与岑夫子、丹丘生的情意相投、志趣相同,方才有"五花马,千金裘,呼儿将出换美酒,与尔同销万古愁"的豪情四射。

李白对岑勋以"岑夫子"敬称,一是在于岑勋为唐中书令岑文本四世孙,举止优雅,李白视之为"夔龙""至人"。从岑勋在天宝十一年(公元 752 年)所撰的《大唐西京千福寺多宝佛塔感应碑》文来看,其文笔省净,叙述井然,佛学造诣深厚,李白与其是"相看两不厌"的惺惺相惜。二在于岑勋不慕荣华富贵,隐居九皋,有出世之思,也让李白自叹不如。李白在《送岑征君归鸣皋山》中称赞岑勋"贵道能全真,潜辉卧幽邻。探元入窅默,观化游无垠。"与自己志趣相投。但也感慨道:"至人达机兆,高揖九州伯。奈何天地间,而作隐沦客。"认为岑勋如此才华横溢,却难以仕进,肯定有无边的委屈。李白在《将进酒》中所谓的"与尔同销万古愁",既是对岑夫子与自己一起隐沦感伤,也是对自己怀才不遇的无可奈何。此时的李白,尚对出仕抱有极大的期待,在他眼中,岑夫子与自己一样渴望仕进。他便对岑勋说:"余亦谢明主,今称偃蹇臣。登高览万古,思与广成邻。蹈海宁受赏,还山非问津。西来一摇扇,共拂元规尘。"既期望能与岑勋一起登山畅游,能到九皋山、广成泽一带修行;也期望能够得到朝廷重用而实现拜将入相的梦想。

那么,李白到过九皋山吗?李白在开元十九年、二十年曾在洛阳周边畅游,多次醉宿龙门。从他所作《鸣皋歌奉饯从翁清归五崖山居》来看,他应该到过九皋山,见识过鹤鸣九皋、舞鹤伊川的美景。他说:"忆昨鸣皋梦里还,手弄素月清潭间。……青松来风吹古道,绿萝飞花覆烟草。我家仙翁爱清真,才雄草圣凌古人,欲卧鸣皋绝世尘。鸣皋微茫在何处,五崖峡水横樵路。身披翠云裘,袖拂紫烟去。”言及自己能梦回鸣皋,再次欣赏九皋山的清幽、五崖峡的险要和伊水的苍茫,醒来还觉得焕然如昨,可见“鹤舞伊川”是九皋山留给李白的不泯记忆。

开元二十六年(738),李白漫游汝州、陈州、宋州后,在梁园清泠池与岑勋分手。李白要南下淮阴,岑勋要返回鸣皋。李白作《鸣皋歌送岑征君》赠别,其中提到“送君之归兮,动鸣皋之新作”,他曾作《鸣皋歌》送从翁李清,再次以《鸣皋歌》为题作歌行送好友。当时商丘大雪三尺厚,李白便想象九皋雪后的美景:“若有人兮思鸣皋,阻积雪兮心烦劳。洪河凌竞不可以径度,冰龙鳞兮难容舠。邈仙山之峻极兮,闻天籁之嘈嘈。霜崖缟皓以合沓兮,若长风扇海涌沧溟之波涛。”感慨冰封万里、道路断绝的艰辛,以此象征人生出路难觅。只能反顾九皋之鹤,寄托出世之思:“盘白石兮坐素月,琴松风兮寂万壑。”希望自己与岑勋都能忘记尘世之中所有的不如意、不得意、不顺意,望青山素月,与万壑松风相伴。面对可以“同销万古愁”的挚友岑勋,李白毫不掩饰自己的愤懑,感慨自己既不能像蹇叔、鲁仲连一样“沽名矫节而耀世”,也难以像岑夫子一样“弃天地而遗身”。只能将所有的烦恼化成一句话:“白鸥兮飞来,长与君兮相亲。”期待能多与岑勋常来常往,如白鸥般体会天高地迥、自由自在。

李白开元年间在洛阳、嵩山、汝州、南阳、商丘一带的漫游、隐居、修道,是他一生中最为重要的时光,涵养了他一生飘逸洒脱的仙风道骨,成就了他道教中人的身份,在元丹丘、玉真公主的推荐下,他得到了唐玄宗的召见。这一时期,李白也试图在对人生理想进行校准,他既希望能修道成仙,可以与元丹丘相伴;又放不下人仕做官的执念，便把岑夫子视为自己怀才不遇的镜像，将自己的惆怅、忧愁和孤独淋漓尽致地倾泻出来，使得与岑勋的对酒、送别都成为了情绪的出口。李白虽然知道如何修仙，如何隐逸，但最终没能实现“舞鹤来伊川”的隐居，而只能与世浮沉，留下人生的无边遗憾，不过这也成就了文学史上的浪漫传奇。

范仲淹：乐以天下，忧以天下

滕子京于康定元年(1040)任庆州知州，因在任上被指控浪费公使钱十六万贯，于庆历四年(1044)春贬岳州巴陵郡。他通过向民间欠钱不还者讨债，得钱一万缗，修建岳阳楼，绘《洞庭秋晚图》，请好友范仲淹作记。

《岳阳楼记》开篇叙重修岳阳楼之事，随即言洞庭湖为水运要道："迁客骚人，多会于此。览物之情，得无异乎？"以之为行文脉络。迁客为人生不得意者，骚人为幽怨敏感者，这两种人观看洞庭湖的景色，会因为阴风怒号而满目萧然，会因为其春和景明而喜气洋洋。范仲淹分列两段描写两种境遇下的情感体验，将之视为常人的"览物之情"。他转笔写道："嗟夫！予尝求古仁人之心，或异二者之为，何哉？不以物喜，不以己悲。"在他看来，古仁人的心境，与迁客、骚人完全不同，不会因外部环境的变化而轻易改变自己的心境，关键在于能够做到"不以物喜，不以己悲"。

庆历三年(1043)，范仲淹、富弼和韩琦联手推动改革，却没有得到朝臣们的支持。范仲淹离京视察河东与陕西，暂避谤毁。庆历五年(1045)初，宋仁宗撤销了范仲淹的参知政事，贬为邓州知州，意味着庆历新政的失败。当年九月，范仲淹作《岳阳楼记》。

范公偁《过庭录》载："滕子京负大才，为众忌疾，自庆阳帅谪巴陵，愤郁颇见辞色。文正与之同年，友善，爱其才，恐后贻祸。然滕豪迈自负，罕受人言，正患无隙以规之。子京忽以书抵文正，求《岳阳楼记》。故《记》中云：'不以物喜，不以己悲''先天下之忧而忧，后天下之乐而乐'，其意盖有在矣。"范仲淹在自己也被贬官的背景下，勉励滕子京不要以贬谪为意，而应忠于职守，报效国家；也借此辨明个人心志，乐以天下，忧以天下。

作为一个刚被贬官的前参知政事，范仲淹在《岳阳楼记》中所言的"淫雨霏霏"与"春和景明"，并不单纯是指自然界的天气，而是隐喻着对人生际遇的理解：阴风怒号时的人生蹉跎，一般人会感极而悲；波澜不惊时的事业平顺，一般人会心旷神怡。但对胸怀天下、忧国忧民者而言，他们不会因为个人的荣辱得失而情绪化，这是因为其格局宽大，不以个人得失为意。

《岳阳楼记》结尾处的"微斯人，吾谁与归"，既是范仲淹的心志抒写，也是其情感的流露。他感慨"不以物喜，不以己悲"者太少，"乐以天下，忧以天下"者太少，以致自己缺少同道：他极力推动的利国利民的改革，却因朝臣的反对和毁谤，无疾而终。《岳阳楼记》结尾的情志抒写，不仅是为岳阳楼作记，也是范仲淹表明心志的人格写照，宋仁宗阅读后慨然称颂。此文成为散文典范，既在于其文笔优美，更在于其中蕴含的深厚的思想内涵，尤其是由"览物"而引发的"不以物喜，不以己悲"，触及了中国哲学的"格物"认知。

人与物的关系，是中国哲学思考的主要命题，其要义在于思考人如何对待外部事物。《荀子·劝学篇》言君子之所以远远超过其他人，在于其能够善假于物："君子性非异也，善假于物也。"君子之所以超越一般的人，在于其能够通过学习，熟悉、理解和利用外物，最终掌握外部世界。

物，是人自身之外的客观存在，是人生不带来死不带去的自然世界，包括金钱、物品、职位、名利等。儒家认为，人生的终极意义，是要取得现实的实现，因而把立德、立功、立言作为人生至高追求。对一般人而言，要通过修身养性，养成道德人格，成长为具有健全人格的人，是为立身。这就需要博学、审问、慎思、明辨来了解、认识外物，来理解、参与世界，这就是假于物。人类通过学习而假于物，目的在于获得人的自由与发展。故《荀子·修身》又言："君子役物，小人役于物。"认为人类利用万事万物来改造世界，只是手段，而不是目的。

在道家看来，人的终极意义是获得精神的逍遥，那就要摆脱对物的依赖。《庄子·逍遥游》中讨论人只有无待于物，即不需要任何外部条件作为依托时，才能实现精神自由。无论是硕大无比的鲲鹏，还是时控于地的蜩和学鸠，其不能实现逍遥，在于它们都需要外部条件来满足自己。那些"知效一官、行比一乡、德合一君、而征一国者"，看起来获得了现实中的成功，要比一般人逍遥，但在"定乎内外之分，辩乎荣辱之境"的宋荣子看来，他们也没有实现精神自由，就在于这种逍遥是"有待"的，也需要特定的外部条件。只有达到"至人无己，神人无功，圣人无名"的境界，彻底摆脱了对功名依赖、甚至对自我的重视，人才能获得真正意义上的逍遥。

儒家站在社会秩序中观察人与物的关系，认为人要善假于物；道家站在自然世界中观察人与物的关系，认为人要无待于物。要假于物，便要分清物的事理与本末，这是"格物"意识的来源；无待于物，便要放弃对物的依赖，不必聚焦于物的区分，这是"齐物"观念的基础。《荀子》《庄子》在建构学说时，不约而同将"人如何看待外物”作为立论的基础,可见人与物的关系,是早期思想家建构学理的基础命题。

《大学》是儒家学说的入门读物,言人如何从小我走向大我,其中列举格物、致知、诚意、正心、修身、齐家、治国、平天下八条目作为实现内圣外王的路径。“格物”是内圣的起点,也是外王的基点。《大学》并没有对“格物”进行解释,后代学者便莫衷一是。如郑玄训“格”为“来”,认为人善则来善物,人恶则来恶物。李翱言“格物”为“来物”,认为物入于心而不滞,卓然自明。后来二程及朱熹认为“格物”便是“穷尽事物之理”,视“格物”为人对外部世界的理解。陆九渊“心即理”的认知,则消解了“格物穷理”的含义:既然“吾心便是宇宙”,心外无理,心外便无物,“格物”实际是对自己内心的体认。由此,“格物”便成为哲学史上的悬解。

范仲淹作《岳阳楼记》时,“格物”之义尚没有得到宋儒的阐释,郑玄、李翱的解释显然不合文意。司马光认为格物只是“捍御外物”,既缺乏训诂的支撑,也缺少学理的阐释。范仲淹以“览物之情”作为行文脉络,赞美“古仁人”之所以超越“迁客骚人”,在于其不因为自己获得什么而欣喜,也不会因为自己失去什么而伤悲,言外之意,人只有不被外物所困,才能保持恒定的心境,更接近于“格物”关注于人与物关系的原初含义。

宋学有两端,一重革新政令,二重创通经义。朱熹《伊洛渊源录》认为范仲淹是对宋学有渐的人物。其既提携了宋初三先生,又曾传授张载《中庸》,足见其对经义有深刻理解。但他留意于革新弊政,并未着力于经义阐释。欧阳修在《范公神道碑铭并序》中说:“公少有大节,于富贵、贫贱、毁誉、欢戚,不一动其心,而慨然有志于天下。”对外在贫富与毁誉的不动于心,正是其“不以物喜,不以己悲”心态的写照。范仲淹将“格物”认知落实到自己的行为中，体现了宋儒“明体达用”的学术旨趣，践行着“知行合一”的修身传统。

张岱年先生认为“格物”之义，在于衡量事物的本末先后。衡量事物本末先后，最关键之处在于人与物孰先孰后、孰重孰轻。就知识而言，人要理解外部事物，便要“假于物”；就修养而言，要处理好人与物的关系，就要“役物而不役于物”，甚至“无待于物”。范仲淹对人与物关系的理解，明确了人借助外物实现对外部世界的驾驭，方能获取身心自由，而不是让外物成为自己的枷锁或负累，可以视为宋儒对“格物”理解的一环。

范仲淹在《岳阳楼记》中以“览物之情”为叙述脉络，以“不以物喜，不以己悲”规劝滕子京保持好心态。“格物”原初意义是如何处理人与物的关系，为《大学》八条目之首，是中国学术的内在学理。范仲淹对这一观念的体认与践行，引导了宋学明体达用的风气。

欧阳修:伊川山水洛阳花

北宋时期的伊川,以山水名闻天下,不仅吸引了张齐贤、富弼、范仲淹、文彦博等名相的青睐,而且成为梅尧臣、谢绛、尹洙、欧阳修、苏轼、苏洵等诸多文人向往的游览之地。尤其是欧阳修,“伊川山水洛阳花”,是他一生念念不忘的美好记忆。

北宋天圣九年(公元1031年),二十五岁的欧阳修被任为西京留守推官,协助留守钱惟演处理狱讼之事。这是欧阳修进士及第之后的第一份正式工作,他兴致勃勃地赴任。在洛阳,遇到了成就其文章的导师谢绛、梅尧臣,也因为在洛期间的山水之游养成了他一生寄情山水的洒脱性情。

当时的西京留守是钱惟演,他喜欢读书写作,交游名士,“于时一府之士,皆魁杰贤豪,日相往来,饮酒歌呼,上下角逐,争相先后以为笑乐”。欧阳修与谢绛、尹洙、梅尧臣等在洛阳一带赋诗作文,游山玩水,不仅成就了一段文学史的佳话,他们也用自己的诗才文笔,记载了北宋洛阳自然生态的优美和人文环境的优雅。

嘉祐五年(公元1060年)梅尧臣去世时,欧阳修撰《祭梅圣俞文》,其中回忆他与梅尧臣的初识:“昔始见子,伊川之上,余仕方初,子年亦壮。读书饮酒,握手相欢,谈辩锋出,贤豪满前。”言二人一起在伊川游玩，赋诗饮酒，畅谈学问，相互欣赏，由此订交，成为终生的好友。

梅尧臣在晚年写给王安石的诗中，也曾兴致勃勃地回忆起当年在洛阳时的幸福时光："当年仕宦忘其卑，朝出饮酒夜赋诗。伊川嵩室恣游览，烂熳遍历焉有遗。是时交朋最为盛，连值三相更保釐。谢公主盟文变古，欧阳才大何可涯。"其中的谢公，便是当时的西京留守通判谢绛，其学记博深，是西京留守府中的文章魁首，是梅尧臣、欧阳修等人的良师益友。欧阳修才华横溢，与大家一起游览山水，登高赋诗，给大家留下深刻印象。在梅尧臣眼中，伊川山清水秀，景色宜人，是当时西京留守官员最常去游览的地方。他在《再至洛中寒食》中由衷赞叹："游人莫惜醉，风景满伊川"，感慨伊川山清水秀，足以让他能够如谢灵运那样徜徉山水而诗致盎然，也能像陶渊明那样载酒行远而乐不思归。

初到洛阳的欧阳修，便曾与智蟾上人游南岳庙，看到了伊河两岸的山水田园风光："终日念云壑，南归心浩然。青山入楚路，白水望湖田。野渡惟浮钵，山家少施钱。到时春尚早，收茗绿岩前。"写自己沿着秦楚古道南行，至于鸣皋的南岳庙参访，甚至还品尝了初春的绿茶。伊河之水的清澈和两岸青山的秀美，让他仿佛回到了江西庐陵，感觉像是回到老家。

明道元年(公元1032年)，欧阳修和谢绛、梅尧臣等人畅游伊川，夕阳西下，众人却不愿归城，咏着唐代诗人刘长卿的山水诗，觉得面对如此秀美山川，不留下诗篇，既对不起眼前的青山绿水，也对不起一行人的满腹才华，于是纷纷作诗。欧阳修写出了伊川秋天的山水之美："木落山半空，川明潦尤积。飞鸟鉴中看，行云舟中白。夷犹白苹里，笑傲清风侧。极浦追所远，回峰高易夕。"将远山清影、近水澄澈、蓝天倒影、白云飘逸的景色写得宛在眼前。他也由此爱上了伊川山水，有时兴致上来，他还独自驱马前往伊川游玩。《伊川独游》道出了欧阳修在伊川游玩的兴致勃勃："东郊渐微绿，驱马忻独往。梅繁野渡晴，泉落春山响。身闲爱物外，趣远谐心赏。归路逐樵歌，落日寒川上。"

景祐元年(公元1034年)，钱惟演之子钱暖知道欧阳修对伊川恋恋不舍，就问他伊川为何让他如此魂牵梦萦，欧阳修再次回忆起伊川山水："之子问伊川，伊川已春色。绿芷杂芳浦，青溪含白石。山阿昔留赏，屐齿无遗迹。惟有岩桂花，留芳待归客。"言此时伊川应该春暖花开，芳草如茵，水流潺潺，山岩上的桂花孕育着芳香，等待友人的归来。言外之意，伊川的山水不仅是客观景物，更是欧阳修的心灵伴侣，在等着他归来。

欧阳修钟爱洛阳牡丹，曾做《洛阳牡丹记》，晚年言自己"曾是洛阳花下客"，以此表达自己曾经有过一段最为快乐自在的时光。欧阳修虽在洛阳仅三年，但终生不忘伊川山水，在《夜行船》中写道："忆昔西都欢纵，自别后、有谁能共。伊川山水洛川花，细寻思、旧游如梦。今日相逢情愈重，愁闻唱、画楼钟动。白发天涯逢此景，倒金尊、殢谁相送。"言自己一生最快乐的时光便是在伊川畅游山水，在洛阳欣赏牡丹，以致每次想起青年时光，都会生出无限感慨，既是对青葱岁月快乐时光的无尽追忆，也是对后来宦海浮沉的无限感伤。如果说洛阳牡丹给欧阳修的是雍容华丽的诗酒风华，那么伊川山水给欧阳修的则是安静闲适的心灵抚慰，也养成了欧阳修终生寄情山水之乐、得之心寓之文的习惯。

庆历四年(公元1044年)，阔别洛阳十年的欧阳修途经洛阳，写下了《再至西都》，感慨自己离开伊川后宦海浮沉，当年作为人生伴侣的青山绿水、鱼鸟芳草应该嘲笑自己忘记了当初在伊川时的闲散自如，变得如此面目可憎，少了几分从容淡定，多了几分官场庸俗："伊川不到十年间，鱼鸟今应怪我还。浪得浮名销壮节，羞将白发见青山。野花向客开如笑，芳草留人意自闲。却到谢公题壁处，向风清泪独潸潸。"他再次回到当年与谢绛等人题壁的地方，感慨清风明月依旧，青山绿水常在，自己却再不能履行旧约，与秀美山水相伴。

元丰七年(公元1084年)，苏轼从黄州迁汝州时，曾对他弟弟苏辙说："先君昔爱洛城居，我今亦过嵩山麓。水南卜宅吾岂敢，试向伊川买修竹。"说他们的父亲苏洵最喜欢洛阳，自己曾听父亲讲过到伊川的茂林修竹，充满了对伊川的想象。他在看郭熙画《秋山平远》时，就觉得其中的景色便是伊川山水的写照："伊川佚老鬓如霜，卧看秋山思洛阳。"希望自己未来能够到伊川看秋山，可惜苏轼未能到汝州上任而病逝于常州，未能完成的伊川之游也成为他的遗憾。

在欧阳修、苏洵的影响下，苏轼、苏辙都将伊川山水视为隐居之所。文彦博功成身退而归居伊川，苏辙便说："方将翱翔嵩、少之下，溯回伊、洛之间。身寄白云，堂开绿野。释鼎钟之重负，收竹帛之余光。"认为归隐伊洛可以看天上云卷云舒，赏门前花开花落，轻松自在。他在送好友去洛阳任职时也说："归去伊川潇洒地，不须遗念属清湘。"认为伊川山青水秀、景色宜人，可以畅游，可以赋诗，到伊川游赏山水，就不会再思念家乡。这既是劝勉之语，更是从梅尧臣、谢绛、尹洙、欧阳修、苏洵等人的切身感受对伊川山水之美的理解和想象。

行文至此，眼前不禁浮现出北宋诗人们或泛舟或驱马游于伊川山水之间的兴致盎然，历历入目的便是一个个充满诗情画意的名胜：水寨、白沙、江左、半坡、鸣皋，正是伊川山水之美的历史记忆；不能忘却的则是一个个有着人文故事的古迹：彭婆、吕店、白元、葛寨、酒后，也是伊川人文之美的文化故事。

附录
读书印象记

最近有朋友打电话来，说他的孩子在大学，希望我从读过的书中，推荐十本值得读的书给他。这让我想了好几天，从小学到现在，读的书很多，从能记起来者中挑选出的，并且确实对自己影响最大，倒是容易，但不一定是现在青年人所喜欢的，毕竟一代有一代之文学。没有看过动画片的我，现在看孩子的动画片，总觉得是一个陌生的存在。不过，这却使我回忆起了三十多年来读的书：

1.《唐诗三百首》

这本书是我小时候常背的，后来曾认认真真地又读了一遍。中学时还不觉得，大学时开始学着写散文、诗歌时，发现自觉不自觉地受到了它的影响，那就是要用最精致的语言来写最深挚的情感、最明净的想象。后来读《全唐诗》，就没有这种余香满口的感觉，因为唐诗不一定都好，有的也是在粗制滥造，附庸风雅。有了这三百首的深刻印象，读全唐诗无论如何都不会变得迷迷糊糊，因为有了可资比较的标准，玉和石很容易分开。《宋词三百首》和《全宋词》也可如是观，要是没有那三百首，直接读全宋词，就会茫然不知所措，昏然不辨天壤。

2.《平凡的世界》

我在18岁时读的这本书。书中开头描写的时间是我出生那年，孙少平的经历却是当时每一个有梦想且不断努力的农村孩子所要面对的，直到今天。其中的故事似乎发生在我的身边，一切是那样的熟悉，作者长时期的农村经历以及不停更换的临时性工作，使这本书充满了真实而深沉的细节，令人难忘。最重要的是，书中充分表达了对人的尊重和对理想的向往。书中没有对立的善恶冲突，有的人尽管有这样或那样的性格缺点，但都有作为“人”最为真挚善良的本性，这些本性常常在最关键的时候，成为很多原本“可恶”的人物的道德底线。这本书使我理解了人性最为善良一面，也懂得了坚持对于一个人的成长，是多么的重要——无论你的起点有多低，道路如何艰难，只要我们不怨天尤人，坚韧不拔，总会好起来的。

3.《围城》

在20岁时读这本书，这是我唯一的一本买了三次的书。第一次买的盗版，居然是在当时洛阳师专门口的书店买的，看了几页，发现了几个错字，顿时觉得如有苍蝇嗡嗡之感。又买了一本正版的，看了一半，就不见了，只好又买了一本来看。后来有个同学结婚时喝醉了，握着我的手承认书是他拿走看的，又不知被谁拿走了，从此就失传了。如果没有这本书，我会推荐《儒林外史》。钱先生太敏锐了，洞悉那么多人性的缺点，生活中那么多把戏，还有那么多龌龊的人和事。这本书最大的优点是让我们看穿了大学到底是怎么回事。我研究生毕业的时候，说什么都不愿意到大学工作，可见这本书的影响。幸亏看《平凡的世界》在先，不至于一下子全否定了，不过《围城》还是给我打了预防针。由此喜欢上了钱先生的俏皮和睿智，把他的《管锥编》《谈艺录》等著作全读了遍，甚至研究的书也不放过，这倒是增长了许多专业知识。

4.《人间喜剧》

断断续续读这系列的作品用了我将近十年的时间，从 1989 年读中师到 1998 年读研究生，最初是从读《高老头》和《欧也妮·葛朗台》开始的，当时仿佛为我打开了一扇窗子，让我看到了国外的世界。随着阅读的深入，体会到了一个作家的良心，是如何成为优秀作品的基础。作品中林林总总的人，都是社会转型时期被卷入而无法把握自己命运的人，小说中描写的一切环境、一切许诺、一切性格都不是一成不变的，金钱成为左右一切的力量。老一代被金钱打倒，新一代被金钱腐蚀，妇女被金钱诱惑，爱情、家庭、伦理、友谊都被金钱的旋涡吞噬。巴黎摩天大楼的灯红酒绿对当时的我来说，是一个陌生的存在：农民、上校、弃妇、交际花、守财奴。现在生活在城市中，也接触到了各色各样的人，总能若隐若现地看到巴尔扎克笔下人物的影子。我印象最深的是拉斯蒂涅，他和于连、泼留希金、聂赫留朵夫一起，成为我心中挥之不去的主人公。读了这些书，马克·吐温、狄更斯、屠格涅夫的作品就不用再推荐了，再看现代中国小说，也觉得无味了。

5.《楚辞》

我真正意义上读《楚辞》，是在读硕士时期，因为导师张崇琛教授曾随姜亮夫先生学《楚辞》，便取来读。《楚辞》艰深，每天只读几节，用了大概一年，结合着很多研究著作来看。最初是从学术研究的思路进去，但却从读诗的路子出来，最喜欢的不是《离骚》那浪漫不羁的想象，而是《橘颂》中“苏世独立，横而不流”的精神和“秉德无私，参天地兮”的人格追求。屈原最感动我的是他怎么想，就怎么说；他怎么说，就怎么做。然后再读宋以后的诗作，除了写景的，总觉得很多诗不是写给自己，是故意写给别人看的，道貌岸然得很。再比照一下笔记、历史的记载，甚至作者的词曲自我描述，常感慨诗言志、诗言情之外，诗还有粉饰和表白的功用。从这个意义上来说，不读《楚辞》，就不用读诗了。

6.《淮南子》

这是独尊儒术之前的最后一本倾力“打造”并试图用作治国理论的书，在此之后中国的典籍再也不能避免要受到儒学的浸润，很难找到没有儒学影子的书，甚至连文人内心的潜意识里，也有儒学或远或近的声音。这本书是黄老治国学说集大成式的总结，我们可以体会到很多人生的智慧和治国的经验。例如精神内守的养生之道、静漠恬澹的修养法则，因势利导的治国之法、利民为本的行政思路、重德求仁的人际关怀等。如果说当年窦太后废黜汉武帝而任用淮南王，中国的历史和文化传统就会全部改写，禁锢和教条就会少许多。当然历史不能假设，但读这本书，总令我进入到另一种历史模式的想象之中。

7.《陶渊明集》

陶渊明是世外高人，当时至多算是隐士。自萧统编纂《陶渊明文集》以来，其影响越来越大，宋以后，和陶、咏陶、评陶逐渐成为中国古代文学的一个创作命题，在这一过程中，陶渊明的诗文和人品不断得到认同,甚至成为中国文化的一个符号。很多学者对陶渊明的关注和研究,不仅具有文学研究自身的学术价值,也是相当程度上带有文化认同和精神寄托的成分。其实陶渊明的诗作平淡,是真平淡,没有任何的虚假和做作,他的诗中所描述的是一个淡到无痕的自我,对自然界的一切,都充满着无尽的关爱和亲切,这样的人所作的诗歌,读起来总有无边的平和,一切都顺其自然。隔三差五读读陶渊明的诗,心情会好很多。

8.《瓦尔登湖》

这本书中宁静、恬淡的生活场景和睿智而深刻的社会思考,常令我有同样的梦想:到一个山清水秀的地方,静静地呆上一段时间,让自己也能自由、奔放地面对自然,体会生命内在的欣喜和庄严,感受人与自然和谐而亲密的接触。虽然很难做到,但我已养成了一个习惯:总要找优美而宁静的地方,静静地呆一段时间,哪怕一个小时,无拘无束地体验大自然的静穆、深邃、宽广和和谐。这本书出版于1854年,当时的中国正处在激烈的社会斗争与政治革命中。此后直到现在,人与人、人与自然的斗争成为了历史的主题,瓦尔登湖畔那自然而轻松的生活,只在极少数没有开发的偏远地区还存在。但愿那里的宁静不被打扰,留下来让现在的人想象,让未来的人生活。

9.《浮躁》

我在19岁时读这本书。这是贾平凹小说转型时期的代表作。《浮躁》中的金狗务农、参军、复员回乡、担任州报记者、辞职跑河上运输,这仿佛让我看到了1990年前后那批风风火火的人。在此之前和之后，他的作品中都写爱情，例如《腊月·正月》《小月前本》《鸡窝洼的人家》和此后的《白夜》《秦腔》等，但此前作品中的女主人公都是优美、宁静和含蓄的，此后作品中的女子多有风尘气。《浮躁》中的女性形象，恰恰具有前者和后者两种类型，小水、石华和英英，分别代表着当时中国不同女性的特征：传统的、时髦的、从传统向时髦过渡的。我觉得作者心目中的女性想象如何，最能代表着他眼中的现实和内心深处对人性的理解。此后他的很多作品我也读过，直到《秦腔》，他才又找回了自己，克服了《废都》《白夜》《怀念狼》《高老庄》等作品形式大于内容的特点。这否定之否定的过程，恰恰是他从作家迈向文学家最为关键的一个台阶：那就是名著不一定要具有商业价值，但必须具有社会价值。而这社会价值，取决于作者对人生深入的体验，对社会深沉的关注，对文化深刻的反思。作者自己也承认“写《浮躁》，作者亦是浮躁的呀”。读了这本书，总在想一旦浮躁，什么都做不成，做不好，即便是编故事。

10.《中国近三百年学术史》

这本书有两部，一是梁启超所撰，一是钱穆所撰。钱穆看了梁著，不服，自己撰了一部。梁著侧重学术，钱著侧重文化。不读这两部书，研究传统学术，几乎是无源之水，很难知道学术的门径。结合着江藩《国朝汉学师承记》，很容易理解我们今天学术的由来以及何去何从。我很希望我的研究生能读读这本书。这是要立志做学问的人应阅读的课外书，需要用心去读，而不是当做任务和要求。放到最后，是因为不做学术研究，或无意于学术传承者，可以忽略。

后　记

这本书收录的，是我在过去二十年积累的闲散文字，多数是演讲的整理，也有随手札记，又有部分应命之作。难得有机会整理出来，结集出版。作为人生的边缘书写，作为学术的茶余饭后，浮光掠影，更能呈现自己对文化的一己之思。

整理这些文字，常让我回到过去的时光里，诸多人与事浮现于眼前，有过尽千帆皆不是的遗憾，也有满目山河空念远的惆怅，悲欣交集中，愈发觉得忘不了的人和事，才是我们的真生命。大多数时光里的庄严，不过是挂在墙上的身影而已。

生命，无法感慨，却能反思。生活，无法期待，却耐品味。人生便是在感慨与期待中度过，又在反思与品味中升华。忘不掉，抹不去，就留存下来，无论是步履蹒跚，还是闲庭信步，都曾经是我们踏过的岁月，记下，便是曾经有过的全部意义。

曹胜高

2020 年 5 月 15 日

图书在版编目（CIP）数据

文化的格调/曹胜高著. -- 上海 : 上海文艺出版社, 2021
(中国礼乐文化丛书)
ISBN 978-7-5321-7833-9
Ⅰ.①文… Ⅱ.①曹… Ⅲ.①中华文化－研究 Ⅳ.①K203
中国版本图书馆CIP数据核字(2020)第247581号

发 行 人：毕　胜
责任编辑：胡艳秋
封面设计：钱　祯

书　　名：文化的格调
作　　者：曹胜高
出　　版：上海世纪出版集团　上海文艺出版社
地　　址：上海市绍兴路7号　200020
发　　行：上海文艺出版社发行中心发行
上海市绍兴路50号　200020　www.ewen.co
印　　刷：启东市人民印刷有限公司
开　　本：890×1240　1/32
印　　张：8.875
插　　页：2
字　　数：199,000
印　　次：2021年6月第1版　2021年6月第1次印刷
I S B N：978-7-5321-7833-9/G · 0302
定　　价：48.00元